SAHARA

UN HOMME
SANS L'OCCIDENT

L'édition de 1935 est parue sous le nom
de Charles DIEGO

ISBN : 2-7384-0599-1

Diego BROSSET

SAHARA

UN HOMME
SANS L'OCCIDENT

précédé du

Portrait d'une Amitié

par VERCORS

Éditions L'Harmattan
5-7, rue de l'École-Polytechnique
75005 Paris

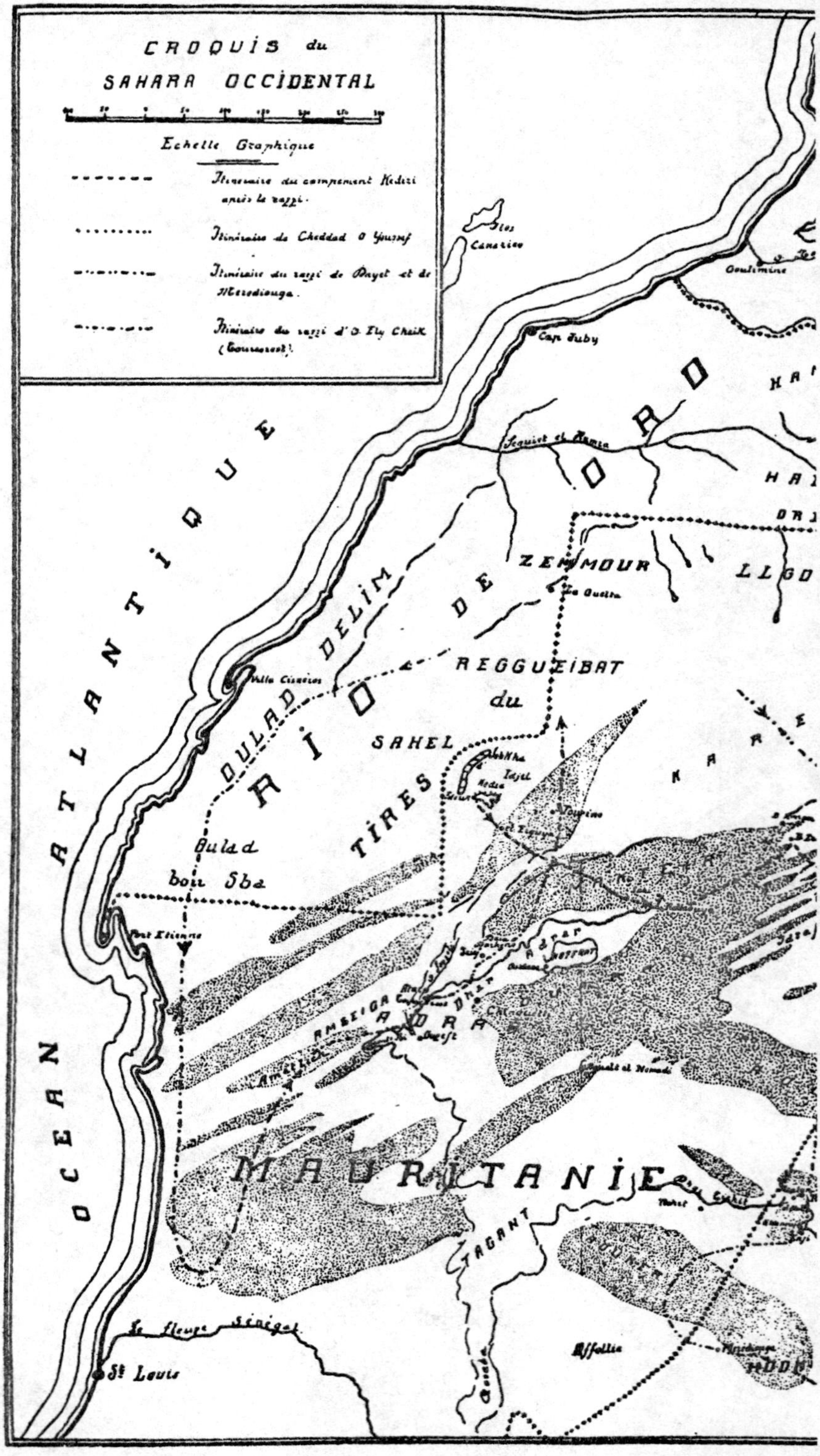
CROQUIS du
SAHARA OCCIDENTAL
Echelle Graphique
Itinéraire du campement Kediri après le razzi.
Itinéraire de Cheddad O Yousef
Itinéraire du razzi de Dayet et de Merediouga.
Itinéraire du razzi d'O. Ely Cheik (Gouraouet).
Iles Canaries
Goulimine
Cap Juby
Seguiet el Hamra
ZEMMOUR
REGGUEIBAT
du
SAHEL
RIO DE ORO
OULAD DELIM
TIRES
Oulad bou Sba
Villa Cisneros
Port Etienne
ATLANTIQUE
OCEAN
ADRAR
AMSEIGA
MAURITANIE
TAGANT
Le fleuve Sénégal
St Louis
Assaba
Affollé

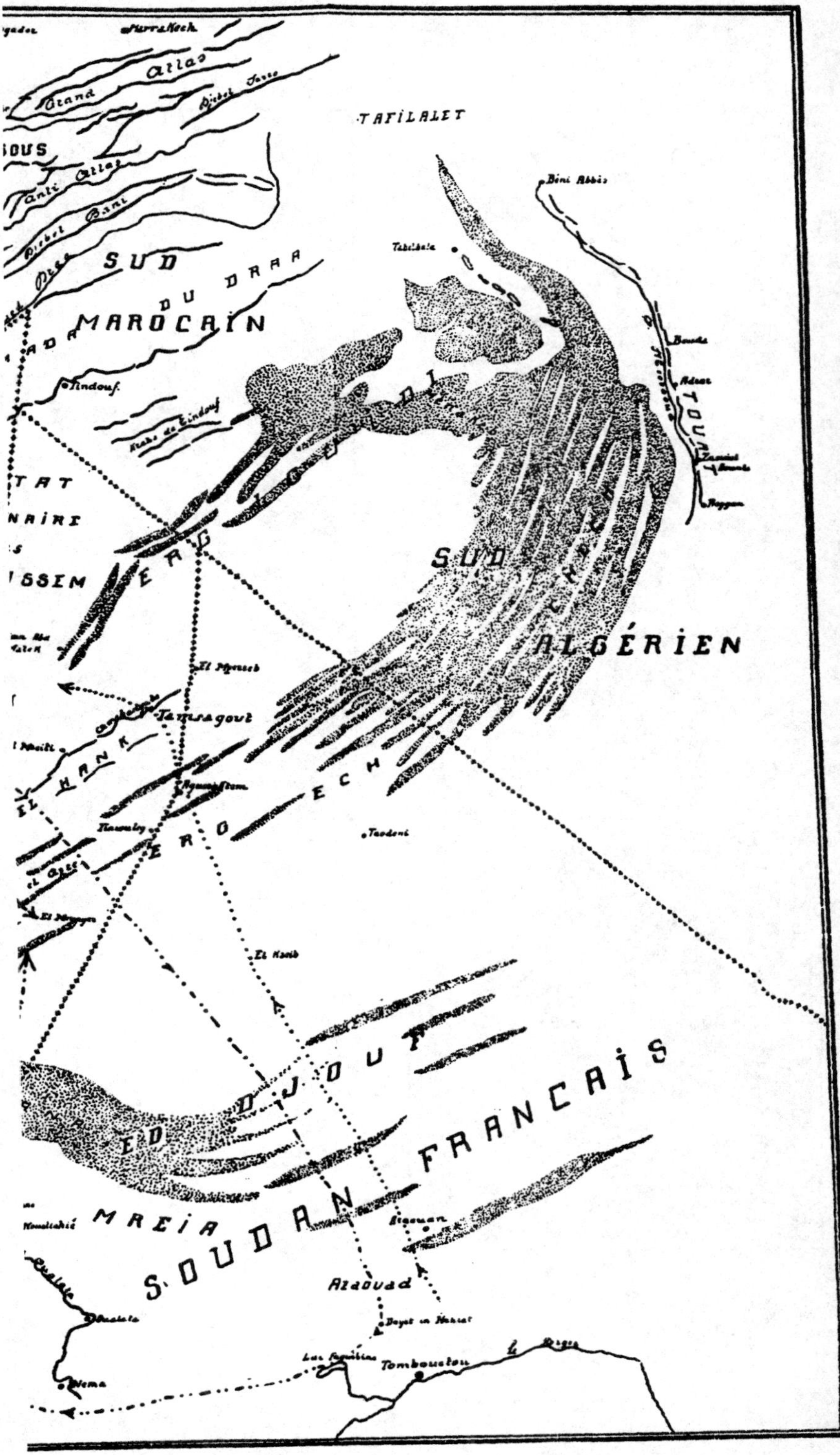

Marrakech
Grand Atlas
TAFILALET
SOUS
Anti Atlas
Djebel Bani
SUD
DU DRAA
MAROCAIN
Tindouf
Beni Abbès
Tabelbala
ERG
SUD
ALGÉRIEN
TOUAT
Reggan
Tamsagout
EL HANK
ERG ECH
Taodeni
DJOUF
ED
SOUDAN FRANCAIS
MREÏA
Azaouad
Tombouctou
Nema

Le lieutenant Brosset
à l'époque où il écrivit le livre.

Sid AHMED (à pied)
(Alors qu'il était devenu bossu.)

AVANT-PROPOS

Ce livre est une trahison ; il est fou d'embaumer les morts ; leurs naïves et ridicules bandelettes appellent la profanation. Ainsi de notre jeunesse, du temps passé, de ce qui fut.

L'homme dont c'est ici l'histoire l'avait compris, obscurément, comme d'autres choses. Seulement l'Occident ne l'avait pas touché. Des courses que nous fîmes ensemble et dont j'éprouve parfois encore l'humeur sauvage, seule aurait dû survivre la leçon d'humilité qu'elles portaient.

Mais être humble.

Et renoncer aux joies du souvenir.

Que ceux qui liront le livre m'excusent. Il est un puéril effort pour fixer la lente intelligence d'un monde qui sombre déjà dans le passé, d'un monde approché pendant dix ans de ma vie... dix ans que peut-être aujourd'hui je regrette, mais dont il est d'autant plus impérieux de conserver le butin étrange et dérisoire.

Kœdia d'Idjil 1930.
Maroc Occidental 1934.

PORTRAIT D'UNE AMITIÉ

O vie si longue à vivre, si brève à se souvenir. Ainsi plus brève d'année en année, à mesure qu'elle cesse d'être une chaîne de jours pour n'être plus qu'une trame de souvenirs. Les souvenirs eux-mêmes s'usent, la trame s'allège, n'est plus que fils clairsemés, — écarlates ou sombres.

De cette poignée qui me reste, toujours je tire le même fil, c'est lui toujours que mes doigts rencontrent. Ah, c'est que sans doute aussi il est étrange et pur plus qu'aucun autre. Ce fil est d'un seul jour. Long et solide pourtant, et d'une couleur éclatante. Car à ce jour est attachée toute une part de ma vie, — peut-être la plus précieuse. On parle beaucoup de l'amitié : ce n'est pas encore assez. Combien entre-t-il de nous-même dans l'homme que nous sommes ? Si peu... Abandonné vagissant sur une île déserte, que serais-je aujourd'hui ? Un anthropoïde moins évolué que l'homme de la pierre. Tout mon savoir n'est que tradition accumulée. Il a fallu des milliers de siècles et autant de milliards d'êtres humains pour faire de moi celui-ci qui parfois se figure que ses pensées ne sont qu'à lui...

Cet humain qui chaque jour se fait, — que chaque jour fait, que chaque être approché aide à faire ou défaire : qui l'a aidé plus que toi, Diégo ? De quelle amitié ai-je tiré plus de richesses ? Ce que ce jour lointain de septembre, ce que ce jour d'entre les jours m'a apporté, moi seul et Dieu le savons.

Aujourd'hui me voici seul. Te voici du côté de Dieu. Et je ne connaîtrai jamais l'homme que j'eusse été si je t'avais conservé. Je ne le connaîtrai jamais : cet homme-là est mort avec toi.

Naissance d'une amitié : fils qui un à un se nouent, idées, goûts, sentiments qui parfois se ressemblent, parfois s'opposent, mais toujours mystérieusement s'attirent, patiente croissance, lente habitude, souvenirs jours par jours partagés... rien de cela entre nous, Diégo : un seul jour. Un jour, un seul jour éclatant et singulier. Et toute ma vie changée, en un seul jour enrichi de toi, de cet être fabuleux qui fut toi. (En un seul jour aussi, hélas, privé de toi, et désormais la terre à jamais manque à ma droite.)

PORTRAIT D'UNE AMITIÉ

Oui, l'histoire de notre amitié — l'histoire de sa naissance — fut celle d'un seul soleil. Ensuite... Quel temps avons-nous passé l'un près de l'autre ? Combien de jours en quinze ans ? Cent peut-être, — pas plus. Dix eussent suffi, autant que mille. L'histoire est ailleurs. Elle n'est pas dans l'habitude, ou les idées communes, ou les souvenirs partagés. Ah, elle est mytérieuse. C'est un fleuve caché. Mais le cours s'en devine à la végétation luxuriante qui en révèle, à la surface de la terre, les méandres secrets...

★

Quand je rappelle à moi ce jour, ce qui aussitôt se lève est un remords, — un aveu : l'aveu d'avoir été d'abord aveugle. Tandis qu'il descendait en souriant vers moi, je n'ai pas su le voir. Ses habits me l'ont caché : ils étaient militaires et bien que je portasse les mêmes je n'éprouvais pour eux guère d'amitié. Je souffrais alors d'un mal propre à la jeunesse (j'avais vingt-cinq ans), celui de juger hâtivement les hommes selon leur groupe ou leur caste (celui aussi de juger grossièrement cette caste elle-même) : le jugement ainsi paraît plus sûr, parce qu'il s'appuie sur des choses qu'on peut connaître. Tandis que juger un homme... Il faut pour l'oser des qualités de l'esprit qu'on n'acquiert pas même toujours avec l'âge. Ainsi voit-on des vieillards dire encore (et penser) : C'est un Juif, un Bourgeois, un Anglais, un Curé. On répondra peut-être avec une apparence de vérité : le choix d'une carrière n'aide-t-il pas à juger un homme ? On naît Anglais, mais prêtre ou militaire on décide de l'être. Dans une certaine mesure, je l'accorde. Dans une certaine mesure seulement : cultiver la terre est-il toujours le fruit d'un choix ? Ou descendre à la mine ? Ou embarquer pour la pêche ? C'est le métier souvent qui choisit l'homme.

Pour mes yeux alors trop prompts à juger, ce qui descendait vers moi en souriant c'était un lieutenant, — un marsouin. Je faisais moi-même une période militaire au camp de Châlons, et j'étais sous-lieutenant de réserve dans les zouaves. Je venais d'arriver. On m'avait dirigé sur la 3e Compagnie : « Vous vous présenterez au lieutenant Brosset ».

Je dus l'attendre. Je faisais les cent pas devant les baraquements. Mon sentiment général était un ennui profond. Nous étions en 1928 et l'idée qu'une guerre fût de nouveau possible m'apparaissait comme aussi absurde que criminelle. Les quinze jours perdus à séjourner dans ce camp lunaire me remplissaient d'avance d'une sorte d'animosité écœurante. J'attendais le commandant de la compagnie sans curiosité comme sans sympathie. Je vis descendre enfin vers moi un garçon plutôt grand, blond de poil, brun de peau, aux paupières flétries. Il portait son uniforme avec une affectation d'élégance négligée qui ne me plut pas. Je n'aimai pas ses bottes fauves, ses gants de porc retournés aux poignets. Ses yeux étaient vifs, ils me parurent moqueusement hautains. Il retira l'un de ses gants, me tendit la main. « Drôle d'idée de vous avoir envoyé chez moi, dit-il. Mes cadres sont au complet. Que vais-je faire de vous ? Enfin, allons boire un verre ».

La grande barraque du mess était à quelque distance. Je ne me souviens pas de ce qui fut dit tandis que nous y allions. Quelques questions sans doute concernant ma position militaire, et mes réponses. Enfin nous nous assîmes devant une table de fer. Nous étions seuls. L'atmosphère, sous le toit de zinc, en dépit de la chaleur était froide, morose et morne. On nous servit deux bocks d'une bière plutôt tiède.

J'avais peur que le silence ne s'installât, un de ces silences difficiles à rompre. Je me répétais : « Je m'en fiche. C'est à lui de parler, s'il veut ». Il dit en effet :

— Vous êtes ingénieur ?

— Non.

— Comment, non ? Vous avez vous-même inscrit...

— Oh, je suis ingénieur, si vous voulez. J'ai un diplôme d'ingénieur, avec médaille et félicitations du jury. Mais je ne suis pas entré et je n'entrerai pas dans l'industrie. Je n'ai pas plus de goût pour l'usine que pour l'armée, dis-je avec une certaine volonté de provocation.

— C'était pour votre père ? dit-il en souriant.

— Comment ?

— Vous avez fait ces études-là pour lui faire plaisir, mais vous aviez une autre idée en tête ?

— Oui, dis-je un peu interloqué.

— Et c'est ?

— L'art.

— Et plus précisément ?

Tout à coup je me trouvai idiot. Je le lui dis. Il termina son bock. « Vous êtes Parisien ? » dit-il en s'essuyant les lèvres, et j'acquiesçai. « Nous nous trouverons sûrement des amis communs », ajouta-t-il et sur ces paroles très ordinaires il se leva. Non moins poliment je dis : « Probablement », et il me serra la main et me quitta.

★

C'est tout ce qui fut dit. Rien d'autre. Rien.

Nous ne nous revîmes plus jusqu'au lendemain matin. C'était un samedi. Il s'agissait de tirer la journée jusqu'au soir — jusqu'à l'heure du train qui me mènerait passer le dimanche à Paris (nous y avions droit). J'étais plein de patience mais aussi d'une certaine appréhension : la Compagnie, de bon matin, s'en allait avec le bataillon exécuter dans un vallon dénudé une manœuvre de détail, et je me sentais, je me savais d'une incompétence profonde dans ce métier. « Je m'en fiche, au fond », me disais-je, mais ce n'était pas sincère, j'ai toujours souffert d'être au-dessous d'une tâche quelle qu'elle fût, même imposée, même importune. Je marchais avec ma section. Le lieutenant Brosset, sur son cheval, nous suivait, nous précédait, faisait galoper sa monture dans les champs. Je le regardais parfois, avec un médiocre intérêt (je reconnaissais pourtant honnêtement, en mauvais cavalier que je suis, qu'il montait bien, — surtout pour un marsouin). Quand, parvenue sur le terrain, la troupe forma les faisceaux, les officiers comme toujours se réunirent par petits groupes : la « réserve » se mêlait peu à « l'active ». Je m'éloignai. Ces palabres trop connues m'impatientaient. Je passai un petit bosquet. Dans la clairière, seul, le lieutenant Brosset galopait. Je le reconnus alors qu'il lançait sa bête à l'assaut d'une haie prodigieusement haute. Cela me parut insensé, et en effet la bête se déroba, le cavalier tomba. La chute dut être rude. Mais il se releva d'un même mouvement, rattrapa la bride, remonta en selle en morigénant le délinquant d'une voix sonore. Je vis qu'il riait.

Il fit faire à son cheval le tour de la clairière et de nouveau le lança sur la haie. Le cavalier passa, non le cheval. Il remonta en selle une troisième fois. Il riait toujours. Moi je partis. J'avais l'estomac contracté, mon cœur était partagé entre l'admiration et la colère. L'admiration parfois peut se mêler d'irritation, quand elle est d'un ordre inférieur, quand la raison la désapprouve. « Jeu de brute », pensais-je. Je ne sais s'il réussit à passer la haie.

Le coup de sifflet nous rassembla. Brosset reparut, prit le commandement de la Compagnie, et je commençai ma pénitence. Je dus me montrer incroyablement empoté. Brosset ne me ménageait point. Il lançait son cheval sur moi, me mettait le nez dans ma sottise. J'aurais dû être humilié, je ne l'étais pas, et m'étonnais de ne pas l'être. Je sentais, je devinais (ces deux mots sont encore trop forts) je flairais quelque chose d'étrange dans l'accent, dans le regard, qui parlait contre ses paroles. Il ne riait pas et pourtant il y avait là de l'ironie, mais non pas dirigée contre moi. Contre quoi donc ? Je ne savais, et d'ailleurs une nouvelle bévue venait bientôt interrompre cet embryon de surprise. Cela dura deux heures, pendant lesquelles, pour tout dire, je m'ennuyai ferme.

Il y eut une pose, et les officiers se rassemblèrent pour casser la croûte, active et réserve mêlées. Cette fois je restai parmi eux, parce que pour commencer on discuta la manœuvre. Brosset, je le remarquai, souriait drôlement sans rien dire. Nous étions tous deux fort silencieux. La discussion rapidement glissa, prit un tour léger. La somme de sottise qui se débita en quelques minutes fut affligeante. Je m'enfermai (comme on le fait à cet âge) dans un silence de plus en plus hargneux, m'efforçant de ne rien écouter. La bêtise me crispe. Et puis l'un des officiers, un capitaine, finit tout de même par dire quelque chose de sensé. On parlait de l'honneur. Il dit :

— Et l'honneur des femmes ? Quand on y réfléchit bien, les hommes sont pleins d'inconséquence. Si les honnêtes femmes mettaient, à nous arracher notre honneur d'homme, la même persévérance et le même amusement que nous mettons à les priver du leur, que penserions-nous d'elles ? Sommes-nous rien de plus que des sauvages ? dit-il et je vis qu'il s'adressait à Brosset. « Voilà le connaisseur, pensai-je. C'est bien cela : une noble brute militaire férue de chevaux et de femmes ». Mais Brosset ne dit rien. « Eh bien, mon vieux, dit l'autre, toujours dans les nuages ? »

— Non pas, dit-il doucement, je suis trop près du soleil.

Ces mots inattendus me firent dresser l'oreille. « La réplique de Hamlet à son oncle », pensai-je très vite et aussi : « Un marsouin qui cite Shakespeare... » et je le regardai mieux. Ce que je vis doubla ma surprise. Je vis le regard de Brosset glisser entre ses paupières fripées, se poser sur le mien, une bonne seconde, avec une acuité pétillante, enregistrer avec amusement ma propre expression, et se porter tranquillement de nouveau sur le groupe de ses camarades, qui visiblement n'avaient rien entendu à ces paroles, dont je compris soudain qu'elles étaient un signe, un signe à moi adressé par dessus leurs têtes, — pour moi seul.

— Question non fondée, mon capitaine, disait Brosset. L'honneur c'est d'une part l'opinion qu'ont les autres de notre valeur, d'autre part la crainte que nous inspire cette opinion. Celle-ci varie selon les mœurs, l'honneur n'était pas le même à Sparte et à Athènes, celui des femmes n'est pas le même en Orient et en Occident. Nous sommes tous des sauvages pour autant que nous nous soumettons à ces mœurs sans les discuter, sans les passer au crible de l'absolu. C'est ce que nous faisons toute la sainte journée. C'est ce que je fais en vous appelant « mon capitaine » plutôt que « ma vieille branche », — en engueulant, parce qu'il s'embrouille dans notre petit jeu à nous, tel pékin dont la valeur intellectuelle vaut bien pourtant celle de maints galonnés que nous connaissons... » Je le vis sourire : « On nous reproche souvent notre fameux : « ne pas chercher à comprendre ». C'est pourtant la meilleure règle d'action — la seule en vérité — en amour comme en guerre... *On est sûr de ne jamais faire que ce que l'on est incapable de comprendre : comprendre c'est se sentir capable de faire. ASSUMER LE PLUS POSSIBLE D'HUMANITÉ, voilà la bonne formule...*

« Gide maintenant », pensai-je, et dans un éclair je compris la signification des paroles sur lesquelles il m'avait quitté la veille, ces paroles à double sens dont l'apparence banalement mondaine était un piège pour ma sagacité (une épreuve pour la mesurer, — et je rougis car elle avait tourné entièrement à ma confusion) :

— Nous nous trouverons sûrement des amis communs...

Et alors je souris, et sans qu'il m'eût regardé je sus qu'il vit ce sourire, car son sourire aussi s'accentua.

— Quel charabia, dit le capitaine. Pourrez jamais vous habituer à parler clairement ? Assumer le plus possible d'humanité... Qu'est-ce que ça veut dire ?

— Cela veut dire, dit Brosset, que nous saurons aimer d'une même ardeur les joies de l'esprit et celles du corps, l'action et la méditation, mener la vie dans la vie comme dans le rêve, ne pas plus sacrifier les femmes aux philosophes que les mathématiques à la bonne chère, comprendre Einstein mais aussi un chef Berbère, Stendhal, Freud, et un Toucouleur, pénétrer Mozart ou Bach et conduire sa troupe au combat, mener du même cœur son cheval, un flirt, sa voiture, son savoir et son esprit critique, s'apprendre à courir, à nager, à comprendre l'Angleterre, l'URSS, la Chine, la chasse à la baleine, la théorie des quantas, en bref saisir la vie, posséder Dieu, ne pas craindre certes de mourir, mais moins encore, mais moins surtout, de VIVRE! »

Je le regardais, et maintenant j'apprenais à découvrir tout ce que je n'avais pas su voir. Je vis que cette élégance négligée que je lui reprochais n'était pas affectée, mais l'expression sincère d'un goût inné, d'un penchant naturel à l'harmonie que tout son corps déjà révélait inconsciemment. Les attaches étaient fortes mais non épaisses. Le cou, bien pris et musclé, laissait prévoir que l'âge mûr le rendrait puissant. Les épaules, le coffre étaient larges. Mais sur tout ce corps entièrement tendu vers la force la tête sans être petite était bien prise et déliée, et si le visage assurément exprimait la décision et l'énergie, il exprimait davantage encore la vivacité, la curiosité, — une pénétration questionneuse et lucide. La volonté était dans l'œil, le sourcil, la base du nez, non dans le menton qui était fin et arrondi. La bouche ferme, un peu grande, était bordée aux commissures par ces plis où s'inscrivent l'ironie et aussi l'entêtement. Toute la peau était brûlée de soleil, et un peu usée, comme par le vent et le sable. Les paupières fripées, fatiguées, je le voyais maintenant, ne l'étaient pas du fait de quelque débauche, mais d'une lumière trop vive trop longtemps soutenue, — de ce rire aussi qui ne semblait jamais le quitter tout à fait. Et le regard de ses yeux bruns, extraordinairement vif, était... oui... étrange, peut-être inquiétant... and his eyes were wild...

Il parlait. Et j'admirais la maîtrise avec laquelle

il dirigeait l'entretien, suggérait à ses compagnons les questions qu'ils devaient poser pour lui permettre, à lui, de se lancer sur les chemins qu'il choisissait, et là d'y développer, avec la même vigueur et le même brio que je lui avais vus à monter son cheval (y compris cette vivacité riante à se remettre en selle après une chute), d'y déployer une jonglerie d'idées curieuses, imprévues, et peut-être un peu trop brillantes, mais visiblement destinées à moi seul, à me donner de lui une connaissance certes avantageuse, mais fort peu conventionnelle dans le domaine des goûts, des sentiments, de la sagesse et de la morale ; de sorte que non moins visiblement il jouait là une carte périlleuse, où les chances de m'indisposer étaient plus nombreuses que celles de me gagner, — et en effet la désapprobation unanimement peinte sur le visage de ses camarades ne manquait pas de saveur ; mais aussi il semblait bien qu'il devinât que je ne prendrais point toutes ses paroles au pied de la lettre, qu'il me fît confiance pour démêler ce qui était sincère de ce qui voulait seulement étonner, et pour savoir dans ce labyrinthe me diriger vers le but secret qui était *lui*. Et peut-être après quinze ans ne sais-je en effet de lui rien que ne m'aient fait deviner ces dix minutes. Du moins rien d'essentiel.

PORTRAIT D'UNE AMITIÉ

★

Comme un aveu, quand nous fûmes seuls il me dit :

— *Mais moi*, de vous je ne sais rien.

Nous revenions vers le camp. Il m'avait troqué contre son cheval (confié avec sa monture le commandement de ma section et celui de la Compagnie à un camarade), et nous marchions loin en avant. Je dis :

— Vous m'avez trouvé trop silencieux ?

— Non. Vos silences sont très expressifs. Parce que j'aime à parler, ne croyez pas que je ne sache pas comprendre les silences d'autrui. Vos silences d'hier, ceux d'aujourd'hui m'en ont appris beaucoup sur vous. Mais tout de même j'aimerais en savoir davantage.

— Moi aussi, dis-je. Et d'abord : pourquoi faites-vous ce métier ?

Cette question brutale le fit rire.

— Pour faire carrière, dit-il de sa belle voix forte.

Je tournai vivement la tête et mon expression le fit rire de plus belle. C'est alors, là, dans ce chemin creux, dont je n'oublierai jamais plus la couleur de la terre, d'ocre et de sienne brûlée, que je tournai la dernière page de mon adolescence : avant même qu'il eût parlé je compris que j'allais l'approuver, — et cela signifiait l'abandon de ma fidélité romantique à Pascal et à ceux qui cherchent en gémissant, cela signifiait que je n'allais plus mépriser sans recours ceux qui, malgré la vanité et l'absurdité évidentes de la vie, acceptaient d'en respirer à pleins poumons les beautés et les joies. Pour la première fois, le dédain que j'éprouvais pour ces hommes heureux m'apparut déraisonnable et caduc...

— Parfaitement, disait Brosset ironiquement, pour faire carrière. Vous êtes tous les mêmes. Vous imaginez le métier des armes comme celui de... Oh, je veux bien reconnaître que nos petits copains de tout à l'heure ne concourent point à vous en donner une haute idée. Mais si je devais juger la vie civile sur vos camarades de la réserve, sur ceux du moins qu'il m'a été donné d'approcher... Je veux bien aussi que le métier idiot que tantôt je vous ai fait faire ne soit pas apte à vous gagner... Quoi qu'il en soit, attendez l'heure du thé. Nous irons ensemble au mess. Ce n'est ici qu'un mince raout, où ne se trouvent assemblés qu'une bien petite part de l'armée française : et pourtant je vous montrerai, réunis là, confondus dans la foule des galonnards grands et petits que vous méprisez à bon droit, je vous montrerai quelques hommes extraordinaires, quelques spécimens comme vous n'en rencontrerez pas souvent dans votre vie...

— ... Celui-ci, disait-il en effet un peu plus tard, attablé avec moi devant nos « panachés » et me montrant un officier dans la force de l'âge, un peu bedonnant, porteur d'une barbe noire qui lui couvrait la poitrine, celui-ci, c'est Mohammed Alain Brétilleur... un bourguignon désormais musulman. Il est el hadji, c'est-à-dire qu'il a été admis à la Mecque. Les arabes le considèrent comme un saint. Son influence là-bas est énorme. Il parle tous les dialectes, du persan au berbère. Ce n'est qu'un chef de bataillon, mais le général commandant l'armée d'Orient, ou le Résident général, ne sont que minces personnages transitoires auprès de lui, et ne sauraient prétendre à égaler son autorité... Celui-là, qui tourne la tête, c'est le capitaine Soulier. Il a introduit dans la balistique des méthodes de calcul si neuves, qu'elles ont largement débordé leur domaine et désormais s'épanouissent dans l'astronomie. Il revient d'Amérique où il a passé deux ans parce que l'observatoire du Mont Wilson avait supplié qu'on le lui envoyât... Et voici Monin de Baufret, là-bas... celui qui bourre sa pipe... le commandant Monin de Baufret. Dans toutes les questions, passé 70° longitude Est vous ne ferez que des sottises si vous n'avez d'abord pris son avis. Et comme il ne le donne qu'à quiconque lui plaît, il est extraordinairement ménagé et souvent c'est le ministre qui se dérange. Je ne vois présentement que ces trois-là. Il en viendra d'autres. Mais comprenez-vous ce que cela peut vouloir dire, parfois, « faire carrière », dans ce métier ? Il ne s'agit pas de gagner des galons ni même des étoiles. Il s'agit de faire de soi quelque chose... de faire de soi, par le travail, un de ces personnages exemplaires...

Il parlait avec une animation dont je sentais qu'elle était faite avant tout de conviction, mais aussi d'amusement. Sa voix, timbrée et qu'il ne tentait pas d'étouffer, portait à distance et je voyais quelques têtes galonnées se retourner en souriant. Et soudain je n'aimai pas ces sourires. Oui, j'y lisais une indulgence un peu moqueuse, et une pareille expression sur ces visages où je lisais aussi la médiocrité, la suffisance et parfois la bassesse me rendit d'un coup solidaire de celui dont elle semblait excuser — mais désavouer — l'enfantillage, celui dont peut-être je ne me faisais pas encore une opinion définitive, mais dont je savais du moins désormais qu'il n'était ni médiocre, ni bas.

— Vous, disait-il, vous, il vous est facile d'être libre. Vous avez en tête une idée, une seule...

— Comment le savez-vous ?

— Ai-je tort ? dit-il, et comme je souriais : Vous voyez bien. Une seule idée. Du moins en ce moment. Peut-être en aurez-vous une autre plus tard, quand vous aurez mené celle-ci à bonne fin. Vous mènerez toujours vos idées à bonne fin. Je vous admire pour cela, c'est un rude avantage, mais c'est aussi une limitation. Moi, je ne peux pas me limiter. J'ai trop de force en moi, une surabondance de vie. Si j'étais libre, je m'éparpillerais. Vous savez bien que souvent rien n'est plus fructueux que les contraintes. J'ai choisi celles que confère cet habit. D'abord parce qu'il convient à mon caractère. Ensuite parce qu'il ouvre à qui le veut un éventail incomparable de possibilités surprenantes (l'Eglise seule peut-être en ouvre d'aussi larges), où chacun peut trouver l'occasion de s'accomplir. Enfin parce qu'il est un des seuls aussi qui vous laissent des périodes de tranquillité admirable, de vrais loisirs, pendant lesquels vous pouvez faire ce que vous voulez de votre cervelle. Ainsi moi, à trente ans, j'ai déjà vécu trois ou quatre existences. Celle d'un aristocrate français. Celle d'un prince marocain. Celle d'un nomade berbère. Celle d'un meneur de rezzou mauritanien. Chacune traversée d'une foule d'expériences. J'en vivrai d'autres. Il en est une qui commence avec vous, aujourd'hui même.

Je ne m'étonnai pas. Je ne m'étonnais plus : j'attendais. Il le comprit et rit.

— Au vrai, cette existence-là, elle est de longtemps commencée. Mais jusqu'à ce jour elle demeurait secrète. Avec vous elle va entreprendre sa vie au grand jour. Cette rencontre est miraculeuse.

— Je ne sais ce que vous allez dire, si toutefois je l'entrevois : mais vous ne me connaissez pas! protestai-je et j'étais réellement effrayé, (j'ai toute ma vie souffert d'une crainte douloureuse d'être surestimé et de décevoir). Que vous ai-je dit qui vous aide à me juger ? D'ailleurs vous ne me laissez pas le loisir de placer un mot — ce n'est pas un reproche : j'ai besoin de temps pour rassembler les mots d'une phrase, encore faut-il que mes idées soient claires, ce qu'elles ne sont pas le plus souvent. Du talent j'espère en avoir mais, « intelligent », selon ce qu'on entend généralement par ce mot, je ne le suis pas. Vous êtes prévenu.

— Je sais tout cela, dit-il (ah, il ne me trouvait donc pas intelligent... J'en fus attriste). Il y a trente-six sortes d'intelligences, et dieux merci la vôtre et la mienne n'ont rien de commun. C'est cela qui est admirable, que j'en sache sur vous sans que vous ayez quasiment rien dit autant que vous en savez sur moi après mes interminables laïus. Et ce que je sais, c'est que vous êtes sans doute l'homme dont je rêve, celui dont je peux tout attendre, sauf de me tromper, — ou de se tromper. Il me regarda un temps sans parler, avec cette sorte de demi-sourire rêveur qui répond à certaines pensées intérieures.. On sent, reprit-il plus lentement, que vous êtes derrière chacune de vos paroles, complètement. Quelle sécurité! J'ai besoin d'un garçon comme vous, jusqu'à la moelle des os. Il se tut encore, sembla hésiter avant de franchir un dernier obstacle. Puis : Le métier des armes laisse des loisirs, vous ai-je dit. Dans le désert, ce sont des loisirs solitaires. Ses yeux se plantèrent dans les miens pour déclarer : Je les passe à écrire.

Il se tut, attendant je ne sais quoi. Je dis :

— Naturellement.

— Comment, naturellement! Pourquoi, naturellement!

— A quoi les passeriez-vous ? A vous parler tout seul dans la glace ?

Cette fois il ne rit pas. Il me regarda profondément:

— Comment dois-je prendre ces mots-là ?

— Vous êtes bon nageur, n'est-ce pas ?

— ... Oui... Il ne résista pas : Le cent mètres en 60 secondes. Bientôt j'irai plus vite : j'apprends le crawl.

— La montagne ?

— Le rocher seulement. Au Sahara il n'y a que du rocher.

— Je vous ai vu à cheval. Je vous ai vu manœuvrer une compagnie. Je vous ai entendu quand vous avez un auditoire. Mais seul sous une tente, au milieu des sables, que pourriez-vous faire ?

— Il m'arrive aussi de lire, vous savez.

— Vous avez fait en sorte, en effet, que je

l'apprisse. Mais lire, mais s'instruire, c'est absorber. Ce n'est pas se dépenser, produire de l'énergie. Cela ne pourrait vous suffire. Donc il vous faut écrire. Ce que valent vos écrits, je n'en préjuge pas. Je vous écoutais ce matin, il m'a semblé qu'on pouvait s'enrichir en vous écoutant, toutefois les paroles passent trop vite pour les peser à leur valeur, je ne sais ce qui des vôtres subsisterait sur le papier. Mais peu importe. Oh, peu importe! Seul compte à mes yeux ce bouillonnement que je sens en vous. Cette ardeur, cette vigueur, cette joie sont assez. Que Dieu m'en donne le choix, dis-je avec envie et presque un peu d'amertume, et je n'hésiterai pas une minute : j'échangerai sans regret cette mienne peau contre la vôtre.

★

Le soir de ce jour, — de ce seul jour, — le train nous emmenait vers Paris. Brosset était venu me rejoindre dans le compartiment où j'étais seul, — où je souhaitais qu'il me trouvât sans aller toutefois jusqu'à l'y aider (ma présence ne me paraît pas si souhaitable que je puisse l'imposer sans crainte, — je suis trop orgueilleux, veux-je dire, pour accepter d'ennuyer). J'étais venu d'avance (exprès), et je le voyais arpenter le quai sans paraître me chercher ni me voir, parlant à l'un et à l'autre de sa voix timbrée ; nous partîmes doucement tandis qu'il donnait encore certains ordres, et déjà nous allions assez vite quand la portière brusquement s'ouvrit et c'était lui. Il s'assit près de moi en riant et dit :

— Ce sera tout de même plus facile sous ce costume.

Nous étions en effet en « pékins » l'un et l'autre. Cela lui allait moins bien. Le torse était trop puissant pour le veston civil qui est un vêtement de faibles, de citadins fragiles. Il manquait d'aisance dans cette sorte d'habits pour sédentaires fatigués. Pourtant cela le rapprochait de moi, en effet. D'abord il cessait d'être mon chef et je reprenais ainsi plus aisément mes avantages. Je crois que cela me délia la langue. Il se montra d'une curiosité aussi ardente que lui-même, — non pas sur ma vie : sur mon art. Il confronta avec les miennes toutes sortes de ses idées, — dont beaucoup étaient fausses. Je le trouvai merveilleusement prêt à les abandonner; mais au contraire fort têtu sur celles qu'il savait justes. Puis nous en revînmes au sujet qui le préoccupait si fort, la littérature. Nous discutâmes énormément Péguy, parce que (lui dis-je), malgré tout ce que je sentais d'ardent, de sincère et de profond en Péguy il me fatiguait vite. Pour me convaincre il me récita sur le champ vingt poèmes, jusqu'à en effet me fatiguer, et je le lui dis, et il rit. Il dit qu'il lui était difficile de comprendre comment les gens pouvaient se fatiguer, à lui qui toujours était si merveilleusement dispos pour tout effort, quel qu'il soit. C'est bien là, lui dis-je, le point dramatique d'un homme comme moi, si vite, si vite fatigué. Et pourquoi, malgré ce talent qu'il m'enviait sans le connaître, je troquerais les yeux fermés ma peau contre la sienne.

— Mauvais marché, quant à la durée : ma vie est aventureuse, vous savez.

— Peut-être cessera-t-elle de l'être, puisque vous a piqué la tarentule littéraire...

— Je ne crois pas. C'est possible mais je ne crois pas. Si je continue d'écrire ce sera toujours sur un tambour. Je ne saurai jamais rien sacrifier.

— Il le faudra pourtant. Sinon...

— Sinon?

— Vous commencerez souvent sans jamais finir.

Il rit :

— Croyez-vous? Eh bien, vous me décidez : je vous enverrai mon roman. Je l'ai commencé et je l'ai fini. Naturellement il ne vaut rien. Mais ce n'est point parce qu'il a été écrit sous la tente, en Mauritanie, page par page entre deux contre-rezzou : c'est parce que je ne sais pas écrire. Et ce que j'attends de vous c'est de me dire pourquoi il est mauvais, ce qui en lui est mauvais, — et aussi ce qui est bon, ce qu'on peut sauver...

— Mais je ne suis pas écrivain, et encore moins critique! Et je vous l'ai dit, je ne suis pas intelligent, — dans ce sens-là. Ni cultivé : je ne sais pas lire pour apprendre, et ne retiens rien. Vous vous trompez de porte, mon pauvre ami!

Il se leva (nous entrions en gare de l'Est), me prit par les épaules et me secoua :

— Merveilleux, dit-il. Vous êtes l'homme qu'il me faut. Demain j'irai où vous m'avez dit pour voir vos œuvres. Je sais qu'elles me surprendront sans m'étonner. Et nous nous retrouverons ici-même, demain soir. Combien dure votre séjour au camp de Châlons? Quinze jours? C'est court. Nous n'aurons pas le temps de tout dire (il rit) mais tout de même en quinze jours il y a place pour bien des paroles, — et pour bien des silences.

★

Je ne fus pas au rendez-vous. Dans la nuit je fus pris du « mal de miserere ». Le lendemain matin on me transportait à la clinique, on m'enlevait l'appendice à cinq heures. Je ne retournai pas au camp de Châlons. Brosset occupait beaucoup ma pensée, le premier jour parce que je ne savais comment le faire prévenir, et je l'imaginais m'attendant, m'attendant, et voyageant seul et se demandant peut-être pourquoi je le fuyais (dès que je pus écrire, je lui envoyai un mot). Et puis, à mesure que les jours passaient... J'avais écrit aussi à un autre camarade pour lui recommander ma cantine. Je ne reçus de réponse ni de l'un, ni de l'autre. J'aurais dû m'en douter, pensai-je et je limitai en moi-même les dégâts de ma déception en la camouflant de scepticisme et de clairvoyance. C'est un esprit léger. Il change d'ami comme de miroir... Il faut un auditoire à sa vanité, c'est tout. Oublions-le. Je crus y parvenir. Ma mère m'apportait mon courrier à la clinique, — les lettres de ceux qui voulaient bien s'intéresser à ma santé. Elle y mettait peu de régularité et peu de soin, n'ayant jamais pu se faire à l'idée que mon courrier fût chose importante. Pas d'autres lettres, tu es sûre ? demandai-je. Rien de Châlons ? —Oh, tu me fais penser, si, une que j'ai ouverte, je croyais à une lettre officielle. Je l'ai égarée. — Ah! dis-je et tout à coup je me sentis le cœur léger. Dis-moi au moins : la signature ? — Je ne sais plus, dit-elle. C'était un camarade qui te parlait de ta cantine. On va te la rapporter. — Ah... murmurai-je, bon. Je ne sais si j'étais déçu ou furieux. Les deux sans doute. Je décidai de n'y plus penser. On me rapporta ma cantine en effet. Quelques jours plus tard le camarade vint me voir. Je le remerciai de sa lettre. Il sourit et parut content.

Je passai encore une semaine à Paris avant de partir en convalescence. Nombre d'amis vinrent à mon chevet, et même beaucoup d'indifférents. Brosset ne vint pas, n'écrivit pas.

Je passai ma convalescence sur une colline ensoleillée, près de la forêt de Marly. « Je t'envoie, m'écrivit ma mère, la lettre égarée ». Je n'y pensais plus depuis que son auteur était venu me voir. J'y jetai un œil distrait. Mon cœur sauta et une curieuse joie m'envahit.

La lettre datait de quinze jours, et elle était signée *Brosset*.

Ainsi les dieux feront de moi décidément un solitaire. L'amitié me fuit. Je croyais enfin gagner la vôtre, en deux semaines on peut nouer des liens solides, assez pour résister à trois ans d'absence, mais en un jour! Mon meilleur ami est mort à Taodeni, et vous je vais donc repartir et vous perdre. Je ne pourrai pas même revoir vos yeux pour y vérifier votre constance et si je peux espérer que tout ne soit pas perdu peut-être, je ne reviendrai pas à Paris car notre bataillon retourne dans l'Ain directement.

je passerai douze heures à Rillieux dans ma famille, et puis le train, le bateau, la Mauritanie, mes noirs et mes méhara, et je vivrai trois années dans ce désert où j'en ai déjà vécu quatre. Comment n'oublieriez-vous pas en trois ans cet ami d'un jour que sans doute même vous n'aimez pas.

Je lancerai une bouée. J'étais décidé déjà à vous envoyer ce roman. Je le suis plus que jamais : il vous faudra le lire et quand vous l'aurez lu il vous faudra m'écrire, et à ma lettre ensuite il vous faudra répondre encore. Cela gagnera quelques mois. Et peut-être...

Je suis plein de regrets et de doutes. Si j'avais su qu'un dieu cruel ne nous donnerait qu'une journée, combien j'aurais parlé différemment! Je me suis laissé aller à mon plaisir, imaginant que j'avais du temps pour vous aider à démêler peu à peu une vérité plus profonde, aurez-vous compris que ce goût pour le paradoxe et le blasphème est celui seulement que j'éprouve à jongler? Oh, je ne renie rien, il n'est pas de pensée que j'accepterais d'exprimer sans accepter aussi de la reconnaître, mais leur hiérarchie, leur disposition relative dans mon esprit leur donnent seules une valeur qui ne soit pas trompeuse pour autrui. Heureusement vous n'êtes pas autrui, le dessin amusé de votre bouche en m'écoutant me rassure, et j'ai confiance...

Faut-il vous donner sur moi quelques précisions? Cela vous aidera-t-il à vous souvenir? Parviendrai-je ainsi à devenir pour vous mieux qu'un fantôme furtif et bavard? J'ai trente ans. Ma famille est lyonnaise, mais je suis né en Argentine, de là vient qu'on m'a donné ce prénom exotique : Diégo. Mon métier, je l'ai abordé dans la guerre, où j'ai gagné mes galons un à un, et cette croix dont vous souriez. Je suis célibataire et selon toute apparence le resterai, je ne puis espérer trouver une épouse qui accepte de partager une vie que je veux trop aventureuse. Je vous veux pour ami, mais si je dois vous perdre, j'en accuserai le ciel et moi seul.

... Mais si nous savons la faire vivre, cette amitié malmenée, avouez que nous aurons su bâtir une belle aventure!

Et quel défi au destin!

Votre

D. Brosset.

N. B. — Votre cantine vous sera bientôt rapportée. Vous avez d'ailleurs écrit à P..., je crois, à son sujet.

★

Je reçus en effet le roman promis peu de jours après. C'était un étrange alliage du meilleur et du pire. Mais j'y trouvai des raisons puissantes de m'attacher à son auteur.

Il portait en exergue ces mots de Renan :

« *La grande profondeur de notre art est de savoir faire de notre maladie un charme.* »

Ah, pensai-je, ces paroles ne pourraient-elles venir en exergue aussi à tout ce que je fais ? Et puis je m'étonnai : mais alors, et lui, cet homme vivant, cet homme rieur, cet homme fort ?

Mais à mesure que je tournais les pages, la réponse m'était fournie, — contraire à tout pronostic :

L'abandon entraîne l'abandon, il faut réagir et vivre... Je sais où je veux aller, oui. J'ai compris que la vie est à une certaine catégorie de forts. En être, ce n'est pas abdiquer : mes inquiétudes métaphysiques, je ne les abandonne pas, — je les relègue... Nos inquiétudes exaspérées dans la retraite font nos curiosités plus vives...

Et peu à peu une image nouvelle m'était donnée de lui : celle de ce lieutenant d'Aussure en lequel en partie visiblement il s'était peint. Méhariste comme lui, comme lui épris du désert, — mais pour des raisons qu'il ne m'avait pas confiées. Des raisons où je retrouvais l'image des tourments nés de ma propre adolescence...

Cet Aussure, la guerre l'a pris à la sortie du lycée, puis abandonné et rejeté dans un monde où il ne reconnaît plus rien de sa foi d'enfant. Tout le lâche à la fois : sa croyance en Dieu, sa croyance dans les hommes. Le roman est l'histoire de sa poursuite anxieuse d'une raison de vivre, que balance et menace la tentation persistante « de se fondre dans l'inconscience de l'Islam » dont il a perpétuellement sous les yeux la facilité fascinante. Ah, cette attirance d'un néant de l'esprit... Laisser, comme le chante Milosz, pleuvoir la ville sur le vide de tout... *Combien de fois n'ai-je pas rêvé le soir, de me tourner aussi vers l'Est, de me prosterner, de m'asseoir sur les talons en égrenant le chapelet d'ébène, de laisser le geste remplacer la pensée et le vide emplir ma tête...* Cette raison de vivre qui le fuit, il tentera de la trouver dans l'amour, l'action, ou le sacrifice. Mais l'amour pour lui est pourri par le parfum tenace du caprice, et il voit bien qu'il rend malheureuses celles qu'il aime, — qu'il voudrait aimer. Mais l'action toujours à ses yeux se colore des sombres et décevants « à quoi bon ». Alors une fois de plus il se réfugiera dans ce Sahara où, s'il s'agite, c'est dans le plus total désintéressement, la plus totale pureté, dans l'absolu désespéré d'agir pour agir...

— *Tout un passé nous invite à l'action,* dit l'un des personnages.

— *Son expérience nous en montre la vanité,* répond Aussure.

— *Aussi agissons-nous sans espoir.*

A la différence de l'auteur, Aussure ne réagira pas contre cet abandon, ne dépassera pas son désespoir, — ne retrouvera pas dans une énergie, une volonté tendues, l'amour de la vie que Brosset, lui, finira par s'imposer jusqu'à le rendre naturel et ardent, à l'image de son caractère. Sans doute même Aussure succomberait-il un jour à l'appel dissolvant de l'Islam, comme il succombe à l'appel du désert et de cette forme d'action qui n'est plus pour lui qu'une démission de l'esprit, si la mort ne venait le délivrer. Une mort absurde, — comme la vie : il est mortellement blessé, par hasard, longtemps après la fin d'un combat, *pour rien, par accident, un accident bête, luxueusement inutile.* Il traînera de longs jours encore, sur le méhari qui le ramène, avant de mourir. Il cherchera, pendant ces ultimes heures, du fond de ces ultimes souffrances, le sens de sa vie et de sa mort, — sans le trouver. Il s'abandonnera enfin, dans ses derniers instants, à un dernier renoncement :

Il croyait entendre la voix grave du Général de Joncquières, celle déçue de Marnis, celle doucement calme du prêtre qui l'avait béni. Que d'inutiles problèmes elles posaient... Il leur répondait par des mots que son effort laissait incohérents, — comme pendant sa vie. Alors il eut le même geste, il fit le même acte d'humilité : il sut abdiquer la pensée, comme il avait tout à l'heure abdiqué l'existence, il ouvrit la main comme pour abandonner l'illusoire secours des mots, — ainsi tout à l'heure la couverture à laqeulle il se cramponnait encore...

*

Ah, comme ce roman me rapprochait de lui, — de ce qui en lui était semblable à cet Aussure pathétique. D'un coup il dénouait les derniers liens qui peut-être eussent encore pu me retenir de succomber à l'entraînement de cette amitié bouleversante, — la prévention, l'éloignement que j'éprouvais pour cette catégorie de gens qui acceptent la vie telle qu'elle est, s'y installent et s'en arrangent sans peine parce qu'ils n'en ont pas même aperçu l'amère absurdité. Dieux merci, Diégo n'était donc pas de ceux-là ! Cette ardeur à vivre, cette vigueur allègre, cet appétit d'entreprendre, cette joie d'accomplir, il les avait donc arrachés à la glu du doute et du désespoir. Combien cela me le rendait fraternel ! Mieux encore, son exemple m'apprenait à suspecter enfin la valeur morale et philosophique de cette délectation morose où je me complaisais ; à découvrir qu'on pouvait répondre plus hautement, à l'absurdité évidente de l'univers, que par un refus certes poignant mais dont l'expression (qu'elle fût ironique ou violente) n'en était jamais que celle

aussi de sa stérilité; à me permettre enfin de m'abandonner sans mauvaise conscience à l'amour des choses, — du ciel, de la mer, des arbres, des hommes, de leurs œuvres, — sans que cela impliquât un reniement, sans que cela voulût dire qu'on cessait de les savoir absurdes...

Oui, qu'on pût avoir été cet Aussure perdu de doute, et devenir ce Brosset viril et rayonnant, cela découvrait à mes yeux émerveillés une forme de la grandeur en laquelle je ne croyais pas. Depuis, j'en ai rencontré dans ma vie maint autre exemple, — j'ai vu que le chemin parcouru par Diégo était celui que suivent la plupart d'entre nous de la jeunesse à l'âge mûr. Mais c'est le plus souvent un long cheminement, plein d'hésitations et de retours et plus qu'à demi inconscient, fait bien plus de facilité, d'oubli, d'abandon, de soumission aux appétits et de lent durcissement du cœur, que l'expression révolutionnaire d'une résolution virile. D'une telle volonté, d'un chemin si rapide et si droit, et d'un aboutissement si riche, si fougueux, Diégo reste pour moi le premier, — et le seul exemple.

Je lui écrivis. Mais loin d'insister sur le côté saisissant de son œuvre et sur les sentiments chaleureux qu'elle avait fait naître, il me parut plus essentiel, et plus amical, de préciser sans réticence les graves défauts qui la rendaient impubliable : Ce qui est permis à Proust n'est pas permis à George Ohnet, lui disais-je. Le snobisme ne cesse d'être haïssable ou ridicule que s'il dépasse la peinture formelle pour atteindre la société en profondeur. Et je réclamais de lui qu'il remît l'ouvrage en chantier et le récrivît d'un bout à l'autre, — qu'il fît, des comparses d'Aussure, au lieu de ces aristocrates maniérés des êtres moins titrés mais plus vivants.

Il accepta tout. *Il n'est rien dans ce livre que je ne condamne plus que vous.* Il protesta seulement contre ma dérision du snobisme. *Pourquoi sacrifierais-je ce qui me donne des joies? Le tout est de n'être pas dupe, — ni de la chose ni de soi-même. Mais si j'aime à être snob, à m'asseoir à la table d'un prince, à faire danser une duchesse? Au nom de quoi me priverais-je de tant de plaisirs chers à Swann? Si toutefois je ne leur immole, dans ma pensée, rien d'essentiel. Et si, entre une partie de polo avec Guermantes et une heure de conversation avec vous, c'est vous que je choisis...* Mais, ajoutait-il, ce roman, non, il ne le récrirait pas. Pourquoi faire ? Il n'écrivait pas pour publier, et il sentait bien, par delà les mots de ma lettre, qu'Aussure m'avait touché non pas vraiment peut-être par lui-même, — non pas donc littérairement — mais parce qu'à travers le personnage je l'avais atteint, lui, Brosset. De quoi l'ami devait se réjouir (et ne s'en privait pas), mais non l'écrivain. D'ailleurs, disait-il encore, comment revenir ainsi sur une chose ancienne, quand il avait la tête farcie de projets, — comment résister à la joie d'entreprendre ? En lui opposant celle de mener une œuvre à sa perfection ? Mais celle-là était trop oubliée déjà, — détachée de lui.

De ces projets, il me faisait part du plus proche. Et il me fallut bien y lire une fois encore un signe du

destin : ce projet ressemblait à l'un des miens comme un frère. Alors s'engagea une correspondance ardente, tant pour nous exalter sur cette idée qui nous possédait ensemble (si loin l'un de l'autre dans l'espace et si près dans l'esprit — together and part), que pour faire assaut de désintéressement et d'amitié : chacun voulant abandonner à l'autre la joie de la création. Ce fut lui qui l'emporta : il s'effaça et je me mis au travail.

Mais on comprendra que dès lors la partie fut gagnée, — une merveilleuse amitié à jamais scellée, étrangement bâtie sur cet unique jour de septembre. Et quand, au soir d'un jour d'hiver, au bout de ces trois ans qu'il passa dans ce désert dont il ne me parlait jamais, au bout de ces trois ans pendant lesquels ma propre vie fut traversée par divers drames, loin que des existences aussi différemment menées, chargées de si dissemblables soucis, eussent affaibli la mémoire d'un seul jour que nous avions l'un de l'autre, quand enfin je le retrouvai, debout sur le seuil de mon logis parisien, souriant, puissant, vivant, à peine un peu plus marqué par le soleil, le vent et le sable, la fatigue, l'insomnie, le combat et la soif, quand enfin il passa le seuil en riant et de sa voix timbrée lança seulement : « Eh bien, bonjour ! » — oui, ce fut bien la main d'un ami des vieilles années, d'un ami « à l'épreuve profondément fidèle », la main d'un ami nourri de souvenirs et qui vous a quitté la veille, que je serrai tranquillement dans la mienne...

Mais d'un ami fabuleux, oui, légendaire déjà. A peine si j'eus à le présenter à ma femme, — elle savait de lui tout ce que je savais, et davantage. Un jour (jeune fille encore) un ami ancien venu d'Algérie lui parlait de sa vie à Biskra, de ses troupeaux, des hommes étranges qu'il rencontrait. L'un d'eux, dit-il avec enthousiasme, le plus étrange de tous, un jeune méhariste, un garçon étonnant qui poursuivait les rezzou à travers le désert en traînant avec lui une malle pleine de livres, une vraie bibliothèque... Elle l'interrompit : « Il s'agit de Brosset, n'est-ce pas ? — Quoi! vous le connaissez ? — Pas du tout. — Je ne comprends plus. Comment l'avez-vous reconnu ? — Un ami m'en a parlé. — Qui lui le connaît bien ? — Non... il l'a vu une fois. — Oh, dit l'autre, c'est vrai qu'il suffit grandement d'une fois. »

Il était désormais en France pour deux ans. Et ces deux ans restent pour moi remplis de lui. Nos relations pourtant étaient étranges. Sur presque tout, nos sentiments, nos caractères nous opposaient. Loin d'en souffrir, nous tirions de ces discordes des joies singulières. Car nous savions que nous finirions, toujours, par nous rejoindre, — là où le désaccord eût été grave. Quelle ressource, quelle fortune d'avoir un adversaire si fraternel! D'en avoir dû mesurer la perte, j'en mesure aujourd'hui le prix.

Contrairement à ses prévisions, il se maria. Il ne croyait pas rencontrer une femme à qui il pût imposer une vie comme la sienne : il la trouva dans une de ces familles de grands soldats où c'est au contraire chose naturelle. Jacqueline Mangin devait en effet partager toutes les vicissitudes de sa vie aventureuse, et quand enfin, en 1940, il la laissa en Colombie pour aller rejoindre les Forces Françaises Libres, c'est tout naturellement qu'elle entreprit de traverser, selon les transports du temps de guerre et leurs moyens de fortune, accompagnée de ses quatre enfants, la Cordilière des Andes, l'Equateur, le Chili, les 5.000 kms du Brésil, les 5.000 kms de l'Atlantique et, du Cap au Caire, les 8.000 kms du continent africain, pour le retrouver enfin au Levant...

C'était, quand il nous la présenta, une mince jeune fille calme, discrète, — impassible et silencieuse, — mais on avait tôt fait de reconnaître sous cette apparence paisible, sous ce dehors simple et tranquille, une âme d'un métal sans faiblesse.

Tout l'hiver, nous parlâmes de « l'île ». Ah, aujourd'hui je n'en puis parler que le cœur serré. Elle s'appelait IRUS, ce qui veut dire en celte, paraît-il, « bonheur ». Elle appartenait à une tante de Jacqueline, était quasiment abandonnée, et nous faisions projet d'y passer l'été tous les quatre. Une île! Nous nous excitions fort. Diégo, ma femme et moi posions à Jacqueline question sur question, car elle avait passé là-bas des vacances, dans son enfance. Elle s'efforçait de rappeler à elle des souvenirs honnêtes, pas trop embellis. Nous tentions péniblement d'être aussi sages qu'elle, pour éviter d'être déçus. Une île, pour nous seuls, au fond du golfe du Morbihan...

— Y a-t-il un bateau ? demandai-je.

— Il y a des plates, en tous cas. Il y avait un grand canot aussi. Mais qu'en reste-t-il ?

— On le gréera à la voile, dit Diégo.

— Il doit être bien vieux.

— Nous le réparerons. Nous le calfaterons et tout ce qui s'ensuit. Vous savez manœuvrer ? me demanda-t-il.

— Pas du tout. Et vous ?

— Non plus. Tant mieux. Rien n'est plus amusant que d'apprendre.

— Il nous faudra un vieux marin, suggérai-je prudemment.

— Et un capitaine au long cours. Dites donc, est-ce que vous me croyez incapable de me débrouiller tout seul avec de l'eau, du vent et un chiffon de toile ? Ne pensez-vous pas que d'apprendre à trouver sans guide, au fin fond d'un désert sans repères, avec la seule aide d'un vague papier et d'une boussole, un puits enfoui dans les sables, soit un peu plus risqué et difficile ? Là, une erreur d'un poil et c'est la mort. De quoi avez-vous peur ? De chavirer ? Eh bien, je vous ramènerai à la côte, cela ne m'effraie pas.

Ce qui est admirable, c'est que cela ne m'effrayât pas non plus. Le sentiment de sécurité sans réserve, de confiance irréductible et inaltérable, que le petit garçon éprouve auprès de son père, je l'éprouvais dans ce bateau, auprès de Diégo. Ce n'est pas que nos premières expériences fussent très heureuses. Nous nous rendîmes plus d'une fois ridicules à nos propres yeux. Nous avions passé la première semaine

a remettre le canot en état, et à le gréer. Il était sans quille et bien que nous l'eussions lourdement chargé de pierres, il dérivait fort et restait peu manœuvrant. En dépit de quoi nous prétendions tirer de lui l'usage d'un voilier de régates. Nous nous lancions hardiment contre vent et marée et nous étonnions d'être rapidement dressés sur les brisants. Nous faillîmes plus d'une fois nous y perdre, et ne nous sortîmes d'affaire qu'à grand renfort de gaffe et d'avirons. Nous y laissâmes plus d'un agrès. Mais de ces aventures, qui avec d'autres compagnons m'eussent fort effrayé, je n'éprouvais avec Diégo qu'un intense amusement, mordant et vivifiant. Comment eussé-je eu peur, puisqu'il riait ? Que ma vie fût en danger ma raison avait beau dire, je ne pouvais au fond de moi douter qu'il m'en tirât.

A peine si j'en doute aujourd'hui, de sang-froid. Ce sentiment-là, je ne l'ai retrouvé avec quiconque, — jamais plus. Depuis j'ai appris à naviguer, et souvent en compagnie de marins pleins d'expérience. Je n'ai jamais osé rien risquer avec eux que ma raison (ou la leur) ne me permissent. Je sais que je ne l'oserai pas davantage dans l'avenir, — jamais plus. Je ne naviguerai jamais plus avec un demi-dieu.

Oui, il m'eût ramené à la côte sur son dos, je n'en doute pas. Je ne l'ai jamais vu fatigué de nager ,— jamais donner des traces de lassitude. Il s'amusait à toutes les acrobaties entre deux eaux, à toutes les sortes de plongeons, à la vitesse spectaculaire du crawl, mais il appuyait sa joie profonde à tracer à la brasse coulée un sillage direct, rapide, régulier, auquel rien, semblait-il, n'eût pu mettre un terme s'il ne fallait que tout plaisir eût une fin.

Ainsi se passa cet été qui n'a pas de pareil dans ma vie. Quelques nuages déjà montaient peut-être à l'horizon de l'Europe en cette année 1932, mais bien des chances encore nous étaient laissées pour échapper à l'orage, et nous n'y pensions guère. Nous menions sur cette île une vie de paradis terrestre. Je n'ai jamais connu pareille liberté. Habitué qu'il était à la nourriture du désert, et moi-même fort simple de goûts, nous ne donnions nul tourment à nos femmes : un peu de viande fumée à midi, le soir œufs et laitages que fournissait la ferme, cela nous semblait royal, — et, dans le fait, cela l'était. Pour le reste Kébé, le Toucouleur, ancien ordonnance de Diégo choisi parmi ses tirailleurs comme le plus beau, le plus racé, le plus noble, le plus intelligent, le plus adroit, le plus sportif, était bien davantage un compagnon plein d'attentions qu'un serviteur. Il ressemblait à un prince égyptien. Et si nous eussions eu la moindre tendance à nous méprendre, cette seule réponse nous eût rappelés à l'ordre, qu'il fit à ma femme quand celle-ci, lui ayant détaillé nombre de courses qu'il avait à faire pour nous sur « la grande terre », s'égara jusqu'à lui demander de répéter pour vérifier qu'il n'oubliait rien. Alors il avait tourné vers nous, les hommes, son visage hautain avec une ombre de sourire indulgent, pour dire seulement : « Quelle drôle chose, les femmes », et Diégo fut démesurément fier de cette réplique. Il ne l'était pas moins quand il parvenait à battre le noir à la nage, car celui-ci dans l'eau ressemblait plus à un triton qu'à un homme; ou à la course à pied dans l'île; ou à sauter par dessus des pyramides de chaises; ou à la lutte à main plate.

Autant qu'il était heureux d'opposer à la dureté de mes opinions la richesse des siennes, — cherchant par l'admirable diversité de ses moyens mentaux à précipiter, sur tous les points possibles, des idées aiguës jusqu'à ce que l'une d'elles eût rencontré le point faible qu'elle pût enfoncer, et quand elle y était parvenue, se réjouissant qu'elle se heurtât, invariablement, à une seconde ligne de défense sur laquelle elle échouait avec bonheur. Car invariablement en effet nous nous retrouvions d'accord sur les principes essentiels. En sorte que nos discussions finissaient par devenir une façon de sport. Sur tout sujet nous prenions aussitôt, comme d'instinct, le contre-pied de l'autre; cela nous obligeait à ramasser, comme deux lutteurs, toute notre énergie logique afin d'en habiller nos sentiments — le contraste de nos natures, qui en réalité étaient seules en jeu. Et ainsi le combat consistait en vérité à dénuder l'adversaire de cet appareil logique, à l'obliger de reconnaître en lui-même les racines authentiques de cette opinion superficielle, et ces racines une fois rejointes, à constater, avec une satisfaction dont nous ne cessions de nous réjouir, qu'elle tirait leur sève, ces racines, d'une terre profonde qui était la même pour lui et pour moi.

Mais quelle connaissance de nous-même ne gagnions-nous pas à ces exercices! Cela non plus, — cette sorte d'exploration chirurgicale, cette excision de notre sincérité, — je ne l'ai pas retrouvé.

PORTRAIT D'UNE AMITIÉ

★

Que dirais-je de plus, qui ne soit pas qu'anecdotes ? Ces jours exemplaires se sont imités eux-mêmes, une deuxième fois, des années plus tard, à la veille du premier désastre qui frappa la France et l'Europe : Munich. C'est dire que dans l'atmosphère pleine de gluantes menaces dont fut fait le ciel de cet été-là, je ne retrouvai pas le bonheur exaltant des anciennes années. C'était ma faute, non celle de Diégo. Il n'ignorait rien mais ne redoutait rien. Il acceptait toute nourriture comme bienvenue, même le malheur. Là peut-être résidait la frontière où nous ne communiions plus. Car ce malheur, qu'il acceptait pour lui-même comme un des visages de la vie qu'il faut aimer si l'on aime la vie, il l'acceptait aussi pour les autres, et s'en reconnaissait le droit puisque, disait-il, il ne le fuirait pas et le partagerait. Ainsi envisageait-il la guerre avec une sérénité que je me refusais, et se disposait à l'accueillir quand je ne pouvais que la subir, — et me serais révolté contre elle si elle n'avait présenté ce caractère inéluctable qu'il fallait la faire ou tout perdre, et d'abord l'honneur.

Autant que je refusais ses postulats il refusait mes axiomes. Je l'accusais d'insensibilité devant tant de morts à venir, et tant de souffrances. Il repoussait cette accusation parce que, disait-il, le deuil d'un seul mort n'était pas moins lourd pour le cœur que celui de cent mille. La souffrance est qualitative, elle ne se multiplie point par le nombre de ceux qui l'endurent.

« Refuseriez-vous, disait-il, de mourir pour éviter une injustice ? — Non. — Admettriez-vous qu'on le refusât ? — Pas davantage. — Ainsi je poserai cette question à cent mille, qui tous me répondront comme vous. Et en effet ils mourront — pour une seule injustice. Direz-vous qu'ils auront eu tort (tous, et chacun) et qu'il eût mieux valu l'injustice ? — Non, mais la chose est atroce, et je ne puis l'accepter d'un cœur tranquille. — Ce n'est alors qu'hypocrisie, puisque vous l'acceptez. »

Aujourd'hui je me dis que mon âme en effet manquait de fermeté puisque, les temps venus, j'ai accepté ce sacrifice pour les autres comme pour moi-même. Encore une fois ce n'était que le contraste de nos natures qui nous séparait. Mais alors je ne pouvais me résoudre à le reconnaître. « Au reste, disait Diégo, rassurez-vous. La guerre, nous ne l'aurons pas. Même les militaires ne veulent pas la faire. On préfère aujourd'hui cent mille injustices à une seule mort ». J'avoue que ces paroles me torturaient.

Ainsi pour moi ce nouveau séjour dans l'île heureuse était-il grandement assombri ; tandis que Diégo tirait de la fermeté de son jugement une tranquillité naturelle qui lui permettait de rester merveilleusement semblable à lui-même. Peut-être ne l'ai-je jamais vu possédé par une si fougueuse exubérance vitale. Devant les difficultés de faire venir dans l'île de la main-d'œuvre, il avait décidé de procéder lui-même aux mille réparations qu'un long abandon de la vieille demeure nécessitait. Il s'était ainsi lancé dans des travaux dont il ne me semblait pas qu'il pût jamais venir à bout. Il installa dans le puits une moto-pompe, qu'il lui fallait raccorder à l'ancien système à traction hippique. Quand ce fut fait on s'aperçut qu'une fuite se faisait en terre. Il détecta la fuite, déterra la conduite et la colmata. Toute l'installation intérieure était plus ou moins obstruée de rouille. Il démonta, répara, remonta. Il n'était pas une porte, pas une fenêtre qui ne fût à revoir de près, et qu'il ne remît en bon état. Tout fut repeint que la pluie risquait de ruiner. Je le regardais faire, penché sur la petite forge, martelant des paumelles, soudant les chaises de fer, s'escrimant sur les joints rouillés des conduites. Parfois je le quittais (pour quelque virée sur mon petit cotre à dérive parmi les îlots de l'archipel) se préparant à mettre en place le trop-plein du réservoir : je le retrouvais, trois heures plus tard, creusant le sol pour dégager une poutrelle. Il n'interrompait ces travaux que pour se jeter à l'eau, deux fois par jour, nager trois quarts d'heure sans souffler, en sortir pour une séance de culture physique, et alors, l'esprit dispos, ouvrir ses livres ou ses cahiers pour la préparation de ses examens à l'Ecole de Guerre, son diplôme de langues arabes à l'Institut des Langues Orientales, et prendre sa leçon quotidienne d'anglais avec « miss Anne » (et désespérer de lui-même parce que, le huitième jour, il ne comprenait pas tout ce qu'elle lui disait). Et alors quand, au soir de ces journées dont je sortais épuisé pour l'avoir seulement contemplé, nous avions absorbé sur la terrasse notre rapide repas de laitages et d'œufs, il se levait soudain de table en poussant des cris de sioux, sautait par dessus les tables et les bancs, saisissait Kébé au passage et d'une ceinture à rebours le couchait à terre, et comme Jacqueline protestait sagement : « Diégo, Diégo... », s'écriait : « Mais on ne fout rien sur cette île, il faut bien que je me dépense un peu ! »

Il allait avoir quarante ans.

★

Entre ces deux séjours, Diégo avait rejoint l'Afrique, en 1933, où il allait de nouveau passer trois ans. Pour y réduire d'abord, dans l'Anti-Atlas, les derniers vestiges de la dissidence. Puis, dans la poursuite une fois encore entraîné jusqu'au Sahara, y réaliser, dans une entreprise audacieuse, le premier raid jusqu'à Tindouf par le Sud. Et là refaire, de cette ville de longtemps quasi-abandonnée, une cité de nouveau peuplée et vivante. Lutter, risquer, créer : toute sa vie...

Il doit enfin rejoindre Akka, où l'attend l'existence plus calme de l'administration civile et du commandement militaire. Il met à profit ce temps paisible pour étudier, pour parfaire encore sa connaissance de l'arabe, pour préparer l'Ecole de Guerre. Il y est reçu en 1936, il y entre en 37. Les deux ans qu'il y passera seront une épreuve cruelle pour son ardeur et pour sa patience. L'esprit qu'il découvre dans le haut commandement le révolte et l'effraie. « Troupeau de mollusques sclérosés et défaitistes, disait-il. Sans invention, sans audace et sans foi. Ils abritent leur inertie mentale et leur vaniteuse impuissance derrière les prestiges séniles d'une vieille gloire douteuse ». Dès ce temps il ne cachait pas son mépris pour le présomptueux vieillard qui menait la France à sa défaite avant de la conduire à la honte. On ne s'étonnera pas qu'il fût, là, tenu pour fâcheux et insupportable, et que son nom sautât régulièrement à l'avancement.

La guerre nous sépara. J'emploie ce mot dans les deux sens, — le propre et le figuré. Nous savions, l'un et l'autre, que nous ne pouvions accueillir l'événement du même cœur. L'hiver précédent, alors que nous augurions, aux Deux Magots, devant un chocolat fumant, l'imminence de la catastrophe, il m'avait dit soudain, avec une gravité tranquille, prouvant ainsi sans réserve son immense compréhension humaine et la largeur de son esprit :

— Si vous voulez, je vous ferai déserter. Je parle sérieusement : je comprendrais fort bien vos raisons et même, vous connaissant, ne pourrais que les approuver. Vous n'aurez qu'un mot à dire. C'est une offre sincère.

— Non, dis-je. Vous ne m'avez pas si bien compris. La guerre venue, je la ferai. Oh, je la ferai sans illusion. Je sais quels vils intérêts par le monde soutiennent l'aventure. Je sais quels vampires s'engraisseront une fois de plus du sang des morts. Mais d'abord, si je n'étais avec les morts, j'aurais trop peur de me trouver avec les autres. Et de plus, je sais quel enjeu suprême et sublime se trouve mêlé cette fois-ci, par l'atroce destin de ce monde misérable, à cette hypocrite rapacité. Nous ferons donc la guerre l'un et l'autre, si vos raisons ne sont pas les miennes.

Nous nous écrivîmes peu, pendant la guerre blanche. Encore nos lettres étaient-elles embarrassées. Nous conversons, lui dis-je, comme sur l'herbe une grenouille et un goujon. La grenouille se sent très bien, mais le goujon n'est pas fort aise. Quand ils auront regagné la rivière pacifique, ils reprendront des relations plus familières.

Vint la débâcle, et je ne sus plus rien de lui. L'armistice me trouva au pied du Vercors, et coupa court à mon projet d'en gagner les hauteurs avec mes hommes pour y défendre notre liberté. De là vint que plus tard j'en empruntai le nom pour défendre la liberté de notre esprit. Et que, plus tard encore, je ne fus pas surpris qu'un maquis s'y fût réfugié.

C'est là, en un jour torride de ce sinistre juillet, que me parvint enfin une lettre de Diégo. Voir son écriture, c'était d'emblée le savoir libre et en vie. Où a-t-il échoué ? me demandais-je en examinant l'enveloppe. La vue du timbre me fit sursauter : *Panama*. La date : *10 mai 1940*... Dieux du ciel, que faisait donc Diégo, — Diégo ! — au Panama, en ce tragique 10 mai 1940? Si des hommes comme lui étaient au Panama, alors...

Dès les premiers mots je compris qu'en prenant la plume pour m'écrire il ne savait rien encore :

CANAL DE PANAMA, le 10 *mai* 1940.

D'abord je souhaite que vous alliez bien, que votre jambe soit tout à fait recollée. Où êtes-vous? Chez vous encore à vous remettre, ou au dépôt, ou déjà retourné dans votre bataillon? Ecrivez-moi, les lettres seront longues à venir où je vais.

Je vous écris du bateau, nous allons traverser l'isthme, je souris à me figurer votre surprise. C'est un sourire amer: Tourner le dos au baroud! Ainsi tandis que vous, peut-être bientôt, allez vous battre, c'est moi qui m'en vais en Colombie. J'y vais le cœur serré, sombre, et furieux.

Ecoutez-moi : depuis novembre j'étais en Lorraine au Corps d'Armée Colonial, Chef du 2e bureau. Tout ce que je sais de la guerre qui se prépare, tout ce que nous a appris celle de Pologne, je l'ai vérifié chaque jour de mon observatoire. Tout l'hiver, je n'ai cessé de tirer le signal d'alarme. Mais l'entêtement rogue, le manque inouï d'audace et d'imagination qui déjà me faisaient sauter de révolte et d'impatience sur les bancs de l'Ecole de Guerre, je n'ai cessé de m'y heurter de mois en mois.

Cela ne pouvait durer. Tant d'assauts et tant d'échecs et tant d'entêtement de part et d'autre ont rendu la situation intenable. On demandait pour l'Ecole de Guerre de Bogota des officiers parlant l'espagnol : j'ai posé ma candidature, moitié de mon plein gré, moitié sur ces conseils qui ressemblent à des ordres. Il n'est pas douteux qu'on a été heureux de se débarrasser de ce Cassandre. On m'a payé d'une ficelle et je vais enseigner aux indigènes colombiens ce dont l'armée française ne veut pas.

Après tout, cela est bien ainsi. A mon retour, si, comme je l'espère, l'ennemi hésite encore à nous envahir, peut-être aura-t-on fini par comprendre, peut-être la France enfin sera-t-elle sortie de ce mortel sommeil, et baiserai-je aux lèvres la Belle réveillée. Ah, souhaitons-le! Sinon, si l'ennemi n'attend pas, les choses qui se passeront alors il aura mieux valu ne point y participer.

Ainsi est-ce doublement que j'aspire à vous voir. Dix mois déjà que vos yeux n'ont pas souri à mes paradoxes! Ne m'oubliez pas.

Jack et les enfants m'ont suivi. C'est mieux. Embrassez les vôtres.

A vous fidèlement et fraternellement,

D. Brosset.

Je me demande si, à lire cette lettre, on peut aujourd'hui se figurer l'effet qu'elle fit sur moi : après la défaite, la déroute, après l'abominable armistice, — sur un cœur tout fraîchement torturé par ces quarante jours atroces et abjects... Avoir tout prévu avec cette implacable clairvoyance... *les choses qui se passeront alors il aura mieux valu ne point y participer*... le 10 mai!

On ne s'étonnera pas dès lors que, dès le 27 juin, il eût de Bogota donné son adhésion à la France Libre. Peu après, à celui qui pendant quelques semaines avait été le chef suprême de l'Armée Française il adressait une lettre où, par dessus l'amitié et l'ancienne estime, il plaçait le destin de la France, et l'assurait « de son respect ou de son mépris » selon ce que deviendrait, sous son commandement, l'Armée d'Afrique. Cette lettre, toute personnelle qu'elle soit, sera versée au dossier du lieutenant-colonel Brosset, déterminant ainsi le procès qui, par contumace, le condamnera à mort ainsi qu'à la confiscation de tous ses biens.

Enfin, en décembre il débarquait à Londres. De tout cela, dans ma prison de France, je ne savais rien. Oh, je ne puis dire non plus que je l'ignorais : quelle autre attitude eût-il pu prendre, — à moins que je ne me fusse trompé sur lui toute ma vie ? Et si, en janvier, entendant une voix timbrée adjurer, par la radio, les camarades d'Afrique « de ne point, au contact de la lâcheté des chefs, laisser leur énergie s'étioler comme de vieilles filles montées en graine », si l'émotion serra ma gorge, mouilla mes yeux et fit battre mon cœur, du moins ce ne fut pas de surprise.

Dès lors (au hasard des étranges liaisons de ces temps étranges) j'appris peu à peu, mois après mois, le déroulement de la carrière prodigieuse qui devait lui permettre enfin de réaliser, en quelques mois, ce « personnage exemplaire » qu'il voulait faire de lui-même.

En juillet 41, il est envoyé en Ethiopie. Il y participe au bombardement de Gondar. Peu après le Général Catroux se l'attache en qualité de chef d'Etat-Major. Sa profonde connaissance de l'Islam va le servir. Il va d'abord aider à mettre au point le traité de Saint-Jean-d'Acre; puis, nommé colonel, prendra le commandement de l'Est syrien afin d'y apaiser les autochtones soulevés, et par des contacts d'homme à homme avec les chefs de tribus, plus efficaces que des palabres officielles ou que la dangereuse force des armes, y parvenir.

Mais c'est à l'aube de l'an 1943 que sa vie s'engage enfin dans les chemins prestigieux qu'il attend depuis si longtemps. On lui confie le commandement de la 2e Brigade des Forces Françaises Libres. Et c'est la poursuite de Rommel, la Tripolitaine, la Tunisie, et l'éclatante victoire de Takrouna.

L'Afrique du Nord est libérée. Le Général Kœnig quitte la 1re Division des Forces Françaises Libres. Diégo Brosset en prend le commandement. Il la réorganise et la met au point.

Il est à sa tête en Italie. Il l'entraîne à l'assaut de la ligne Gustav. Va-t-il se montrer à la hauteur de son ambition ? Le premier jour il n'en est pas encore sûr. Le deuxième soir il confie :

Hier je ne vous ai pas écrit, j'étais très occupé, pépin. Comme le disait le télégramme de Raynald, nous n'aimons pas « tomber sur un os », mais si nous y tombons nous en sortons, ce deuxième soir de bataille finit en soir de victoire et c'est assez exaltant.

De cette expérience nouvelle je tire la conclusion que je suis capable de mener le combat d'une division; j'en doutais; mais la preuve est faite, pour moi aucune difficulté à manier infanterie, artillerie, génie et même tanks, fussent-ils américains ou français. C'est très étrange que cette découverte progressive des possibilités qu'on représente. Je suis toujours étonné des gens sûrs de soi; il est beaucoup plus sûr de ne s'apprécier, comme dit Saint Hilier, qu'à l'autopsie.

Désormais il sait ce qu'il vaut, et le doute jamais ne le poindra plus. Il aborde sans crainte la ligne Hitler et la perce au Mont Calvo, puis au Mont Morone, et sans désemparer remontant le Garigliano, enlève après de furieux combats les faubourgs de Ponte Corvo. Il dépasse Rome, bouscule l'ennemi dans les combats de Monte Fiascona, Bolsena, San Lorenzo, Aqua Pendente, Radicofani...

Il écrit :

J'ai failli commencer par « Hello Jack! » c'est la preuve que ça va bien, j'entraîne ma division comme une compagnie, je grimpe sur les chars en marche, j'engueule Pierre et Paul, je dis merde aux obus et ça avance.

Je ne serai jamais un vrai général.

Mais ma division est une vraie division!

Nous avons pris San Andrea, San Apollinaire, San Ambrosio, San Giorgo et Chiaria, voilà notre part de communiqué. Y a-t-il des communiqués? Pas le temps de lire les journaux.

Je galope au rythme étonnant de 4 heures à 20 heures sans repas souvent, conduisant ma jeep à tombeau ouvert; aucune fatigue, je ne crois pas que ça existe réellement, pour les autres ce doit être une illusion, pour moi c'est une appréhension...

Et un peu plus tard :

Je ne vous écris qu'un mot pour vous dire que je pense à vous et vous offrir « mes » victoires, car elles sont bien à moi pour une part, celle d'hier surtout, nous avons débordé avant nos alliés un gros village fortifié grâce à un élan qui n'est pas parti tout seul.

10e *jour de bataille, je me suis beaucoup dépensé et me porte toujours à merveille, bonne hygiène et donc pas de fatigue, par contre j'ai consommé une importante partie de ma réserve de graisse ; je veux m'en croire plus séduisant.*

Les hommes rient dès qu'ils me voient passer, ou fuir devant les balles et les obus (vous savez que je ne les aime que d'une tendresse relative) sur ma jeep bondissante qui dépasse en sautant de droite et de gauche les gros chars américains ; je deviens populaire, je suis un général qu'on voit sur la ligne de feu du matin au soir — grâce à Saint Hilier qui fait le travail — et les gars aiment ça.

Comment allez-vous, où êtes-vous, embrassez les enfants et ne soyez pas trop honteuse de votre mari.

Dans une autre lettre il ajoute en post-scriptum, laissant ainsi passer le coin de son Plutarque :
On m'aura vu en ligne autant que votre père.

★

C'est enfin le 16 août. Il est le premier à mettre le pied sur la terre de France. Le 19, il s'empare des fortes positions du Mont Reddon. Le 21, il prend Hyères d'assaut. Le 23, tandis que les combats font rage dans les faubourgs de Toulon, et que les blindés hésitent, il entre dans la ville, seul, au volant de sa jeep, entraînant derrière lui ses premiers éléments, et y capture plusieurs milliers de prisonniers.

Et c'est alors la grande épopée du Rhône, qu'il remonte à une allure vertigineuse, écrasant devant lui toute résistance. Le 3 septembre il entre à Lyon, et le même jour se livre à la joie exaltante de délivrer lui-même ce Rillieux qui l'a vu naître.

Tout cela, ce grand vol d'aigle, je l'apprends naturellement avec retard (comme autrefois devaient s'apprendre les victoires de Bonaparte). Ainsi pour lui inversement en ce qui me concerne.

Un jour, pendant la bataille de Lyon, tandis qu'au volant de sa jeep il parcourt follement les routes défoncées, un officier lui dit : « Votre ami, vous savez, dont toujours vous avez le nom à la bouche, si bien qu'il est déjà légendaire parmi nous... — Oui, eh bien ? — Eh bien, le mystère est dissipé. — Quel mystère ? — Celui de cet écrivain inconnu : Vercors, c'est votre ami ». Du coup Diégo lâche son volant, bondit sur son siège, redresse in extremis sa jeep bondissante. Sa joie est parallèle à la mienne : nous ne nous sommes donc pas trompés jadis, quand dans la cohue du camp de Châlons nous nous sommes reconnus...

Le même désir alors habite les deux amis : se

retrouver enfin face à face. « A Paris, bientôt », m'écrit-il. Mais cela tarde un peu. Il pensait qu'on donnerait à sa division, qui n'a cessé de combattre depuis Naples, un repos bien gagné. Mais non : on l'envoie dans les Vosges, vers la trouée de Belfort. Brosset aurait le temps de grimper sur Paris, de s'y retremper, d'y embrasser ses amis. Il se refuse cette joie : pas de repos pour lui avant ses hommes. Alors il m'envoie son aide de camp pour un salut fraternel. « Quelques jours de retard seulement. Sitôt Belfort tombé, j'accours vous étreindre ». Les jours passent. Les journaux chaque matin m'apprennent ses nouvelles victoires. Il est en vue des plaines d'Alsace.

Un matin, chez moi, le téléphone. Comme chaque jour, comme vingt fois chaque jour. Une sonnerie comme toutes les fois. J'écoute, — comme toutes les fois. Je ne comprends pas tout de suite.

— Diégo s'est tué.

★

Six jours plus tôt, il avait reçu dans l'épaule un éclat d'obus. Il l'avait en riant arraché lui-même de sa chair. On l'avait pansé, il avait repris le volant de sa jeep. La veille encore, allant voir sa première ligne démarrer, un éclat de nouveau avait traversé son képi. Il avait ri, à son habitude, ravi de ce qu'il appelait « des incidents », — il y voyait le signe de sa chance. Ah! nous y croyions tous. Au retour, il avait fait un détour pour acheter des fleurs, il voulait que sa roulotte fût toujours ornée de fleurs fraîches.

Au soir du lendemain, il venait de rendre visite au Bataillon d'Infanterie de Marine qui avait durement progressé jusqu'à Plancher-Bas dans la pluie et la neige; il avait repris le volant de sa jeep, et la conduisait, selon son habitude — et son expression, — à tombeau ouvert. Au passage d'un pont de fortune sur le torrent du Rahein, il rencontre un fourneau de mine. Il tente de l'éviter, mais toute sa force et toute son adresse ne peuvent plus rien contre la fatalité soudain dressée contre lui : un camion, un frein mal réglé. La jeep brise le parapet et les eaux tumultueuses du Rahein se referment sur la voiture et ses occupants. Ceux-ci gagnent la rive à la nage, — sauf un : celui qui fut un athlète nautique, celui pour qui les flots étaient un élément naturel. Mais son front a heurté le pare-brise et il s'est évanoui. Les secours arrivent. On hisse la voiture... les chaînes cassent, tout retombe. Et le corps athlétique est emporté dans les remous.

On le retrouvera, deux jours plus tard, parmi les roseaux, le visage noble et calme comme un profil romain.

Et pourtant, malgré la force persuasive de cette image si cruellement romantique, de cette image de légende tragique, je n'y puis croire. Le dernier souvenir charnel que j'ai de lui est vieux déjà de six ans : or notre amitié toujours, — depuis le premier jour, — s'est nourrie ainsi de temps, d'espace, et d'absence. Où se logerait sa mort dans cette dernière absence, que rien n'a vraiment brisé, — que des mots ? Comment ne m'attendrais-je pas à le voir surgir une fois de plus sur mon seuil, fougueusement allègre, et me lancer son rieur « Eh bien, bonjour!... » Ah, il sera longtemps pour moi mort et vivant.

★

Etrange préface que celle-ci. Du livre qu'elle a mission de présenter, je n'ai pas dit un mot. A quoi bon ? Ce livre fait trop profondément partie de cet homme prodigieux : je n'en saurais rien dire que la moindre image de cet homme lui-même n'éclaire bien davantage. Ce livre aussi il l'écrivit « sur un tambour », sous la tente parmi les sables, tantôt par des nuits glaciales, tantôt par des journées si atrocement chaudes qu'il lui fallait placer sous chaque bras une serviette éponge. Il allait bientôt quitter pour jamais, croyait-il, ce Sahara trop aimé : *Comprendrez-vous que mon livre*, écrivait-il, *est le signe d'un divorce, un effort que j'espère définitif de libération? Il faut vivre, donc oublier. Ecrire y aide.*

Je dirai pourtant ceci: des arabisants de profession se sont émerveillés que cette peinture des Nomades modernes leur eût fait retrouver, pour la première fois, ceux de l'ancienne Arabie, enfin surgie du fond des âges. Effet d'un récit où brille une sincérité non pareille. Je m'étonne bien plus, moi qui des Arabes ai cette seule connaissance furtive qu'il faut bien appeler ignorance, de retrouver dans ce Sid Ahmed instinctif, dans ce Nemeday chasseur et guerrier, dans ce nomade pareil aux Bédouins de l'an Mil, dans cet homme sans l'Occident, de retrouver d'abord *un homme,* avec tout ce que cela comporte de notre part d'accord immédiat, de sympathie naturelle, et de respect, un homme qu'il a fallu, pour l'amener à *notre* jour, du fond d'une nature si étrange et si étrangère, l'intuition géniale, et l'amour fastueux que Charles Diégo Brosset porta toute sa vie à toute créature.

VERCORS.

SAHARA

UN HOMME
SANS L'OCCIDENT

LES ENFANCES

— Il faut tuer la chamelle.

L'Oulad Hammoni ne répondit pas. De son bâton, simplement, il frappa la bête qui allongea un peu son pas traînant. C'était un vieil animal à la lèvre pendante, qui marchait en écartant les pattes de derrière et levait la queue, quand on l'excitait de la voix, parce qu'en dépit de l'âge, elle était pleine ; une bête fatiguée mais sans être rendue, et l'enfant nu, à plat ventre sur sa croupe, pouvait, sous les poils laineux, qu'il tenait à poignée, sentir encore le bourrelet de tissu graisseux qui, en des jours meilleurs eut été une bosse raisonnable. L'enfant ne valait pas mieux que la bête ; mol et presqu'inconscient, il se laissait aller au mouvement du pas, la tête dodelinante et les yeux mi-clos. Son petit corps brun restait sans effort, accroché au dos de l'indifférente monture, sa souplesse en accompagnait machinalement la cadence ; affalé, jambes pendantes, l'on n'aurait su dire s'il était vaincu de sommeil ou de fatigue.

— Il faut tuer la chamelle...

Celui qui parlait semblait répéter une phrase obsédante sans y ajouter vraiment un sens précis; il pouvait marcher encore, bien qu'il traînât les pieds plus lourdement que son compagnon. L'un et l'autre étaient secs, noirs, demi-nus. L'Oulad Hammoni avait le bras gauche serré au-dessus du coude d'un chiffon bleu, sale et sanglant. Ils portaient tous deux le même long fusil à pierre, le chien levé mordant son dur silex ; tous deux ils sentaient la poudre, mais les yeux du plus petit n'avaient pas gardé l'éclat fiévreux et sombre qui brûlait aux prunelles de son compagnon ; son regard était terne, vague, fixe.

— Il faut tuer la chamelle.

Les deux hommes avaient soif.

Sous l'écharpe de toile brune qui lui voilait la moitié du visage, l'Oulad Hammoni mâcha des mots, conclusion d'une pensée lente, ou différée par mépris :

— J'ai tué trois hommes hier.

L'autre se tut.

Plus loin pourtant il reprit :

— Il faudra que l'enfant boive...

L'Oulad Hammoni, en marchant, mit la main dans une touffe de graminées, en saisit un des rares brins presque vert qui céda en glissant ; il coupa l'extrémité blanche et tendre de la tige, il la mâcha, sa langue y retrouva quelque souplesse. Le soleil descendait sur l'horizon. L'homme sut qu'il attendrait encore.

— Sa mère est une Kediria...

Il n'aurait pas répondu ainsi autrefois... Mais la journée de la veille atténuait son orgueil de race; Jrayfia resterait un jour sombre pour les Oulad Hammoni. Alors maintenant qu'il fallait lutter non plus contre les adversaires habituels, mais contre la soif, la faim, il se souvenait que son fils portait dans les veines le sang impur des chasseurs de l'Est, des Kedadra plus résistants qu'aucun Maure aux privations et aux fatigues.

La nuit venait ; ils s'arrêtèrent. L'Oulad Hammoni prit l'enfant et le posa sur le sol :

— Çà va ?

La voix rude était inquiète. L'enfant essaya de répondre, il n'y réussit pas. Alors son père barraqua la chamelle ; l'autre crut qu'il se décidait, mais assis, ses bras serrés entre ses genoux osseux et nus, il n'eut pas la force d'offrir son poignard. Cependant l'Oulad Hammoni se tournait vers l'Est pour la prière.

Un peu plus tard la chamelle se mit à ruminer. L'Oulad Hammoni défit son écharpe, la tordit comme une corde, et la passant autour du cou de la bête qui renversa la tête en grognant, attendit; inquiète la chamelle jetait autour d'elle des regards furieux, puis elle se calma, ouvrit la bouche comme pour bailler et sous la peau du cou l'on vit monter la boule du bol alimentaire ; brusquement l'Oulad Hammoni serra son nœud, étranglant la bête, puis, lui enfonçant le bras dans la bouche, il saisit une poignée des choses (1) que la chamelle s'apprêtait à ruminer. La paille hâchée, d'un jaune vert, était humide ; entre les doigts de l'homme un liquide jaunâtre perla. Il s'approcha de l'enfant et, lui faisant ouvrir la bouche, serra un peu le poing, l'eau s'écoula entre les lèvres sèches de son fils qui but en s'étranglant. Trois fois l'Oulad Hammoni revint à la chamelle et chaque fois elle se remettait à ruminer malgré son inquiétude.

Cependant l'Autre avait pris sur la pierre où les posait son compagnon les poignées de nour-

(1) Le « tserts » en arabe, et en anglais the cud.

riture mâchée et y collant ses lèvres il aspirait longuement.

La nuit tomba tout à fait ; il n'y avait pas de lune : Cheik el Mechdoufi se réjouit de n'avoir rien à craindre. D'ailleurs le suivait-on ? Il ne le croyait guère. Les Oulad Bou Sba avaient dû s'attarder au pillage. Et, malgré que ces « marabouts » n'aient rien de commun avec sa noble race, tout descendants du prophète qu'ils se prétendent, il leur attribua pour se rassurer ses préjugés respectables :

« Les Arabes ne passent pas le sang. » (1)

La poursuite dans certaines conditions lui semblait indigne.

***

Ce furent deux chasseurs Kedadra qui, trois jours plus tard, trouvèrent les corps. Ayant recoupé les traces de l'Oulad Hammoni qui avait tenté seul d'atteindre Fderik, ils les avaient suivies jusqu'au point où, vaincu, l'homme avait enfin abdiqué. El Mechdoufi vivait encore, mais aux premières gorgées d'eau versées entre ses lèvres, il passa avec un battement des paupières. Remontant les traces, les Kedadra avaient

(1) Proverbe maure.

ensuite découvert le corps du Reylane abattu la face contre terre auprès des restes de la chamelle sacrifiée. L'homme était déjà froid. Mais sous un abri fait d'un lambeau de peau sanglante et presque sèche, étendu sur les longues côtes de la chamelle, l'enfant couché semblait dormir. Le soulevant, ils s'aperçurent qu'il respirait encore. Il vécut.* (1)

(1) Les astérisques renvoient à l'annexe historique.

PREMIÈRE PARTIE

Les femmes, assurées que les derniers Oulad Bou Sba avaient disparu, cessèrent bientôt de hurler comme des chiennes. Une vieille affranchie, qui n'en était pas à son premier pillage, lança un long appel et, prudemment, quelques silhouettes parurent dans les pierres de la montagne, perchées comme des mouflons sur d'inaccessibles rocs. Les femmes dans le camp dévasté rassemblèrent des débris de richesses éparses, écuelles de bois, vans à blutter le couscous, piquets de tente encombrants que l'ennemi n'avait pu emporter, outres cachées à temps sous la protection épineuse d'un jujubier inaccessible. Les plus riches grattaient la terre pour y retrouver leurs joyaux enfouis, brimborion d'or, ou même de ces verroteries baroques, grossières et précieuses qu'on trouve dans le sable, témoins du passé mystérieux dont ces traces tangibles font l'évidente et troublante réalité. Les plus braves s'empressaient auprès des deux ou trois cadavres gisant aux abords même du camp.

A la vérité, quelques femmes, les plus jeunes ou les plus jolies, tout en suivant l'exemple des matrones et réunissant les restes de leurs biens, gémissaient à intervalles savamment espacés leurs « oueli, oueli... » invocateurs et irritants. Elles n'avaient pourtant pas beaucoup à perdre, n'ayant pas encore réuni grand'chose de ces riens précieux qui font la richesse d'une tente. D'aucunes même, n'étant pas encore maîtresses, n'avaient rien dont les vieilles ne leur contestassent la propriété. Mais elles voulaient montrer une affliction ostensible de quelque autre et plus intime malheur, pour les hommes, qui, prudemment, se rapprochaient; leur fidélité, un peu lâche devant la menace du poignard, s'affirmait ainsi en gémissements opportuns et leur trahison tacite devenait un hommage.

Excités par quelques taloches, les enfants se dispersaient dans la brousse à la recherche des ânes dont l'esprit frondeur les garantit du pillage

Les hommes déjà revenaient après s'être assurés, prudence ou espoir de vengeance partielle, du départ des derniers Oulad Bou Sba. La main au canon de leurs longs fusils à silex ou de leurs rares fusils Gras à peu près en équilibre sur l'épaule, ils allaient de leur marche rapide et calme de chasseurs; leurs haillons serrés à la taille par l'écharpe, comme il convient pour le travail et le combat, laissaient voir haut leurs cuisses musclées et brunes; la plupart avaient leur chevelure sombre prise dans un bonnet de coton qui avait été blanc, et plusieurs portaient en sautoir, fixé sous l'écharpe, un poignard marocain, butin d'anciennes affaires.

Les Kedadra tiennent à leurs troupeaux, évidemment, mais la chasse supplée à ce qui leur manque et leur liberté a tous les soins de leur jalousie; les moutons avaient été enlevés et c'était une perte certaine, mais plus grave encore était l'enlèvement des chameaux. Les moutons sont une entrave à la pleine jouissance de l'espace, les chameaux en sont la condition; ceux-ci sont utiles à la guerre, ceux-là sont le luxe de la paix. Les Kedadra savaient désormais que dans le mouvement alternatif de la vie une période allait s'ouvrir; tacitement, ils avaient admis l'heure de la guerre et aisément l'accueillaient. La perte des chameaux était donc grave, mais c'étaient les morts qui surtout allaient manquer. Meslout Ould Baba ne gisait-il pas cette fois-ci, à son tour, le cou percé d'une balle? Il avait été vengé, mais la vengeance paye les morts sans les remplacer dans une bande peu nombreuse. Les jeunes qui montent ne tiennent pas vite la place des vieux qui tombent. N'importe, ils sont l'espoir.

Aussi, quand les hommes eurent été s'accroupir autour de Meslout pour discuter de la blessure qui l'avait tué et que l'un d'eux, en manière de conclusion, eut murmuré: « Une jolie balle... », se relevèrent-ils pour estimer du regard l'adolescent qui avait répondu à ce coup estimable et cruel. Sid Ahmed Ould Cheik et Mechdoufi, appuyé sur le fusil qu'il avait su conquérir, soutint sans broncher les regards connaisseurs, puis, pour rompre les chiens, il grogna: « voyons » et, jetant son arme à l'épaule, il suivit la trace que le corps, traîné jusqu'à la tente par les femmes, avait laissée dans le sable. Il dépassa le point où s'était effondré le Kédiri et marcha vers un arbuste au pied duquel s'étalait la tache sombre d'un sang que la terre avait bu. Les hommes l'y suivirent. De l'orteil il détacha un peu de la boue rougeâtre; puis, se baissant, en prit une poignée; il la serra dans sa main et, la rejetant plus compacte, regarda sa paume rougie:

— Qu'il brûle son père...

— Et le père de son père... répondirent les autres.

— Vous avez entendu quand il a crié: « La tebgui! » (1), dit quelqu'un.

— Une belle balle aussi.

— Même meilleure.

On rappelait qu'au moment où Meslout Ould Baba était tombé, alors que son adversaire bondissait pour lui enlever son fusil, Sid Ahmed qui, malgré son âge, avait voulu prendre part au combat et s'était armé un instant plus tôt sur un Kédiri blessé, avait apostrophé en homme le Sbaï trop tôt vainqueur et l'avait abattu à la première balle. Première balle et heureuse, car, ayant pu désarmer sa victime, Sid Ahmed avait gagné l'estime des guerriers les plus notables. Il y avait surtout gagné une arme à lui, une arme à tir rapide, et avait pu, non sans dédain, rendre à son propriétaire le vieux fusil à pierre qui lui avait servi de premier capital.

Sid Ahmed répéta:

— Qu'il brûle son père; ils l'ont emporté ce Zenagui.*

Et dans le mot méprisant on sentait toute la fierté des castes nobles, son orgueil d'Ould Hammoni habitué héréditairement à percevoir tribut

(1) Tu ne resteras pas, c'est-à-dire : Tu ne survivras pas ou Tu ne l'emporteras pas en paradis. La nécessité d'être bref dans ce qui fut un cri interdit de traduire par cette phrase.

sur les Zenaga de l'Adrar. Avec une insistance encore puérile, ou par une attitude commode pour supporter l'éloge, il observait la trace laissée dans le sable par le chameau que l'ennemi avait fait agenouiller pour y charger le cadavre.

Déjà les femmes écrasaient les épices que l'on met sous les aisselles des morts, pliaient les vieilles tentes négligées des pillards; les enfants, qui rentraient au camp à califourchon sur les ânes retrouvés, poussaient les cris entendus des razzieurs; un vieux Kounti achevant ses invocations pieuses finissait de laver des corps livides.

Les hommes tinrent conseil et Sid Ahmed s'assit parmi eux. Sa mère vint lui apporter à boire.

La situation était grave. Les Nçara (1) qui étaient montés en Adrar, et avaient occupé les palmeraies avec une colonne, semblaient décidés à s'y maintenir. Or, les Kedadra n'avaient pas plus envie de se soumettre à leurs mystérieuses exigences que de s'exposer à leur tactique étrange, à leurs munitions inépuisables. Ils avaient pris le large vers le Nord.

Et voici que maintenant, le pays libre, n'offrait plus à la bravoure la règle égale de son jeu. Les Oulad Bou Sba, depuis leur facile suc-

(1) Nçara, pluriel de naçrani, c'est-à-dire chrétien. Roumi se dit surtout en littérature.

cès de Bou-Rzama, ne respectaient plus personne et opposaient aux fusils de traite des armes trop puissantes.

On maudit une fois de plus Mohamed Saloum Ould Bou Enge qui, le premier, sut se pourvoir de carabines modernes à Saint-Louis du Sénégal, et sauver sa tribu presque acculée au fleuve.

Que faire quand la bravoure ne suffit plus?

L'Est seul restait ouvert.

L'Est? pourquoi pas.

Aussi bien, pillés, les Kedadra n'avaient d'autres ressources que de s'adresser à leurs protecteurs. Or, Sidati et ses Kounta, après avoir fait leur soumission aux Nçara, s'étaient retirés vers Ouadane; ils s'étaient soumis sans sincérité et n'exigeraient pas de leurs tributaires une souplesse que leur imposaient, à eux seulement, leurs richesses et leurs alliances. Ils ne craindraient pas qu'on les rendît responsables; qui peut répondre d'un Kédiri!... Les Kedadra ne sont pas, d'ailleurs, des clients ordinaires; ils payent leurs redevances médiocres plutôt par fidélité que par soumission. Sid Ahmed l'affirma en une forme brutale, Ould Hammoni, qui vivait chez eux, il était jaloux de leur fierté:

— Les Kedadra ne sont pas de la «viande».*

— Certes!

Gens de sac et de corde sans origine commune, réunis jadis autour de Choumad, les Kedadra peuvent revendiquer les ancêtres qui leur plaisent; gueux peut-être, mais à qui nul ne peut contester du moins la valeur d'Arabes authentiques.

En parlant, on s'exaltait.

Rhallaouya n'était guère qu'à cinq bonnes journées; on dépêcherait un courrier à Sidati pour lui demander du secours et, avec les quelques chameaux qu'il ne manquerait pas de prêter, on s'enfoncerait dans l'Ouarane. Les chasseurs connaissaient le grand erg désert et, libérés du poids des troupeaux, ne résistaient pas à l'attrait des belles antilopes que personne n'inquiète. Les femmes s'effrayeraient à la perspective de quitter l'Adrar, de s'enfoncer dans l'erg sans eau. On ne leur dirait rien d'abord. Il suffisait que les Némadi réussissent à y vivre et parfois y emmènent leurs tentes grossières pour que ce fût possible au campement kediri. D'ailleurs, à s'affirmer, la volonté d'indépendance se renforçait.

L'essentiel était désormais de gagner le sable, le Makteir offrant dans le pli de ses dunes le refuge conventionnel d'un terrain familier; c'est un besoin physique d'abandonner le lieu où l'on a souffert. Les hommes songèrent surtout aux gazelles plus abondantes; or, il fallait ménager la poudre devenue rare.

Le soleil était encore haut quand les premiers bourricots, trottinant sous des charges monstrueuses de débris hétéroclites, se mirent en route de leur petit pas têtu et pressé, les oreilles attentives, suivis d'enfants nus qui se bousculaient gaiement. Les femmes marchaient en poussant quelques agneaux rescapés, sans perdre l'attention que réclamaient de vains bagages en équilibre sur leur tête, ou courbées sous le poids d'une outre dont l'eau leur ruisselait le long des flancs. Un chameau galeux, qui, isolé du troupeau, avait échappé au pillage, grognait sans arrêt tandis que deux femmes y juchaient un vieillard sur des objets encombrants qu'on ne se décidait pas à abandonner. Les chiens maigres et jaunes trottinaient sur les traces des gens, l'œil faux, la queue basse, l'air éreinté; puis tout à coup l'un d'eux s'arrêtait, grondant contre un cadet trop familier ou, sentant quelqu'un sur ses pas, faisait de côté un bond court mais d'une surprenante vigueur. Une partie des hommes avait disparu sur la piste des razzieurs, dans l'espoir de récupérer quelque bête échappée au troupeau enlevé, quelque chamelon qui n'aurait pu suivre; les autres, dispersés, quêtaient sans idée précise, par habitude ou par instinct.

Les ombres s'allongèrent.

Bientôt, dilatées à l'extrême, elles se confondirent sur le sable qui depuis peu avait fait place au reg, et l'on aperçut dans sa dépression la sebkha d'El-Erguya, blanchâtre, piquée sur ses bords de touffes sombres. On sentait déjà monter l'humidité qui, à cette fin d'automne, s'en élevait, couvrant ses quelques tamarix tortus d'une rosée chargée de sel. Sur une dune dont l'arête restait encore lumineuse, se détacha soudain une silhouette où les yeux exercés distinguèrent bientôt un chameau monté à poil par un homme qui le poussait à vive allure. Quand il s'approcha, l'on put reconnaître, collant à la croupe osseuse, mais les jambes battant les flancs de la bête à sa cadence, l'esclave Messaoud; butin du matin, il avait échappé à ses ravisseurs, leur enlevant la monture qu'il ramenait et dont il montra, non sans fierté, qu'une balle avait fendu l'oreille. La bête arrêtée, un peu de bave aux babines, les masses musculaires frémissantes, retrouvait vite son indifférence. C'était le méhari d'O. (1) Baba; le cap-

(1) Le O. dans les noms maures est mis pour ould, fils, le ben des Arabes, et se prononce oul.

tif avait bien su choisir! Devant les youyous des femmes et leurs caresses, il rit de toute sa large face de Bambara, cicatrisée, fidèle et naïve. Le méhari, les jambes écartées, pissait à petits coups.

La lune, cette nuit-là, se leva vers 10 heures; la sebkha se détacha de plus en plus précise et ses impalpables cristaux de sel se mirent à scintiller faiblement. Parmi les corps étendus, assommés d'émotion plus que de fatigue, Sid Ahmed ne dormait pas; trop d'orgueils, d'espoirs, de projets se pressaient dans sa tête que déjà depuis deux ans l'on ne rasait plus. Il se rappela la fierté de cette première année où il jeûna le Ramadhan tout entier et la trouva puérile. D'un chiffon, prélevé sur son écharpe en lambeaux, il nettoyait minutieusement son fusil qu'il approchait parfois de sa bouche pour souffler énergiquement dans les recoins inaccessibles à ses soins maladroits. Depuis le matin ce travail avait accaparé Sid Ahmed, il ne s'en lassait pas et ne l'abandonnait que pour compter et recompter ses cartouches: il en avait cinq.

Sur la sebkha, le campement avait laissé sa trace, ligne sombre dans la croûte blanche qui avait cédé en craquant sous les pas des bêtes et des gens; cette ligne peu à peu attirant le regard de l'adolescent, fixa le cours de son imagination vagabonde. Depuis le jour où il avait enfilé son premier seroual, depuis celui surtout où sa mère n'avait plus défendu contre l'envahissement des abondantes boucles sombres le cimier de cheveux qui longtemps avait seul orné le sommet de son crâne d'enfant rasé d'un couteau habile, Sid Ahmed pensait souvent aux siens. Sa mère n'avait pas cessé de lui répéter qu'il n'était kediri que par elle — ce qui n'est rien — et que, bien loin d'être de sa modeste caste, il avait hérité de son père le droit de prélever quelques tributs insignifiants et flatteurs sur les fractions tributaires de l'Ouest. Mais cette assurance suffisait à la vanité de l'enfant, il avait pris à ses compagnons de jeu leurs instincts, leurs admirations, leurs projets d'avenir et rien ne lui paraissait plus noble que d'abattre un mouflon dans les rochers de la montagne ou, retour de chasse, de décharger au milieu du camp un chameau alourdi de quatre antilopes aux cornes annelées et aiguës. Rien ? Rien, sinon abattre un homme...

Ce soir, une autre ambition prenait corps. Il s'imaginait arrivant chez ses cousins l'arme à l'épaule, on reconnaîtrait sur son passage le fusil de sa victime et les femmes debout contre les tentes diraient: « iogui! ya iogui! ». Les femmes. Sid Ahmed loucha vers l'Est où quelques corps reposaient au hasard; il dut y distinguer une forme gracile sous la robe récente. Il frappa ses boucles beurrées du tranchant de sa main, fier de cette perruque qui l'avait séparé de ses compagnes de jeu comme les avaient séparées de lui leurs premiers voiles. « Oulad Hammoni...! » Il imaginait mal que leurs femmes puissent lui sembler attirantes; il songea aussi à ces Nçara auxquels les guerriers de l'Adrar commençaient à se soumettre, et, sa fougue généreuse ne sachant s'exprimer, il cracha avec mépris.

Plus tard il s'étendit et dut rêver. La fantaisie du songe, mêlant ses émotions récentes et ses espoirs, peupla son sommeil d'images incohérentes, d'oryx pullulant, d'antilopes tuées à la première balle et qui s'abattaient les bras en croix sur leur fusil brûlant tandis que lui bondissait pour les achever en tournant vers l'est leur gorge blanche. Peut-être rêva-t-il d'une enfant récemment vêtue qui, ce jour-là, en louchant vers lui sans rire, avait ramené sur sa bouche le pan un peu court de son voile usé.

Dans la nuit claire, d'heure en heure, les chiens éveillés s'égosillaient en aboiements furieux, puis tout retombait dans le silence.

La peau à gros grains, ridée, tannée, détendue sur les muscles maigres et durs, le visage plissé sous le poil hirsute auquel une expression finaude et cruelle, un regard tour à tour faux ou narquois, enlevait toute possibilité d'expression bestiale, Mahmoud O. Jam, assis à terre sur un pan du vêtement de peaux dont il était ceint, triomphait astucieusement de son importance soudaine. Les genoux osseux, remontés presque sous le menton entre les bras dont les deux mains énormes s'occupaient à curer les ongles squameux des orteils, le Nemeday,* tantot affectait de porter une grande attention à ce travail, tantôt relevait la tête; il opinait alors aux propositions des Kedadra qui l'entouraient, assis eux aussi par terre, la crosse du fusil entre les jambes, le canon appuyé à l'épaule, et qui savaient ne devoir compter pour rien cet acquiescement formel.

Il n'y avait alors en Adrar que trois vrais Nemadi. Originaires du Mouelichie, ils avaient appartenu au campement des Beitouma, mais s'en étaient détachés progressivement; avant d'atteindre la région de Rhallaouya, ils avaient compté dans le groupe qui, suivant les limites du Tagant, avait abordé l'Ouarane et donné son nom au point d'Aguelt-el-Nemadi. Ces trois-là, qu'aucune tradition familiale ne rattachait plus à aucun clan, affirmèrent bien leur adaptation complète au génie sauvage de la tribu chasseresse en cherchant un isolement toujours plus farouche. Cet isolement, Mahmoud O. Jam, Adrami O. Jmel et Adrami O. Thera l'avaient trouvé dans le Nord de l'Ouarane; ils avaient acquis du même coup les terrains de chasse à peu près incontestés qu'ils en attendaient*. Devenus par nécessité beaux-frères les uns des autres, ils vivaient en une minuscule société sans autres rapports avec les Amoungarijs, les Kounta ou autres gens de l'extrême Adrar, que ceux incertains où les contraignaient des besoins sans rigueur. A la vérité, ils avaient fait école, et quelques Kédadra, quelques Amoungaridjs, les avaient progressivement imités dans leurs audacieuses expéditions; ayant appris d'eux à s'éloigner de l'eau quatre et cinq semaines, ils poursuivaient aussi l'antilope, mais dédaignaient les chiens et préféraient encore l'atteindre d'une balle à la forcer aux abois.

Le groupe d'Ali O. Baba, bien que n'ayant oublié les oryx du Tires ni les mouflons de la Kœdia d'Idjil, comptait quelques fameux chasseurs d'adax; leur influence depuis le pillage de Fdérik entraînait le campement vers l'Est.

Ces chasseurs avaient dû se faire violence pour solliciter le concours du Nemeday parce que, pour en avoir pris la passion et les méthodes, ils ne l'en méprisaient pas moins: le mépris est le contraire de la vénération et non de l'estime. Ils savaient, dans le jeu normal, leur technique suffisamment exercée pour se passer de guide; mais, n'ayant presque plus de poudre, plus de bétail pour s'en procurer, ils s'étaient résolus à coupler leurs chiens et à remplacer le tir par le courre. Ils étaient bons chasseurs, leurs femmes savaient préparer les outres en peau d'antilope (1), mais ils ignoraient, et leurs chiens plus encore, le cri qui lance la meute. Ils prévoyaient, au début, des déboires et comprenaient que passer contrat de chasse avec O. Jam était, autant que s'assurer d'une technique, s'assurer le vivre des premières semaines. Le Nemeday fournirait les premières grandes outres qui

(1) Irlilen dans la langue des chasseurs nemadi.

permettraient d'en préparer d'autres, tandis qu'eux procureraient les chameaux indispensables à la première expédition. Ils avaient eu l'adresse d'obtenir de Sidati qu'il ajoutât aux chamelles prêtées qu'avait accordées sa générosité prévoyante et astucieuse, la promesse de ne pas fournir aux chasseurs nemadi les bêtes qu'ils avaient coutume de louer pour leur demi-charge de viande sèche. Ainsi s'étaient-ils garantis contre un excès de chantage d'O. Jam, qui avait à la fois vu croître sa valeur personnelle et diminuer ses moyens. Quant à Sidati, il avait su faire sentir, sans se départir de la lenteur cléricale de ses gestes onctueux, la valeur d'un service inestimable dont le mérite vrai le faisait se féliciter à part soi. Par quelques chamelles, confiées à un fermage sans risque (1), qui les ferait échapper à l'impôt, il se pourvoyait de viande d'antilope pour un long avenir, tandis que la retraite des Kedadra, qu'il avait pieusement encouragée, lui vaudrait plus tard, auprès des Nçara, les mérites du rôle de médiateur et, dès maintenant, auprès des musulmans, l'estime qu'entraînait une si louable intention.

Mahmoud O. Jam, quand les hommes se furent tus, releva la tête et réclama une pièce de guinée de plus qu'on ne lui offrait. Devant

(1) Animaux de mneha* en maure.

l'hésitation des Kedadra, il aurait dû ramasser sa lance et siffler ses chiens, sûr d'obtenir gain de cause; mais il n'y songea pas; il n'avait prétendu faire augmenter son contrat que par principe et ne mesurait pas ce que représentait d'intérêt son exigence nouvelle, tandis qu'il imaginait positivement l'embarras où il se trouverait, n'ayant pas de chameaux pour porter ses outres et rapporter sa viande, si les Kedadra rompaient les pourparlers. Ceux-ci s'en aperçurent et, après l'échange d'un bref coup d'œil, répondirent qu'il leur était impossible de faire davantage.

Le Nemeday accepta. La décision des Kedadra de descendre vers El-Merayer l'avait d'abord inquiété. Il voyait son terrain de chasse menacé par le mouvement, mais l'année était bonne et il atteindrait aussi bien son gibier dans tout le Djouf. Réfléchissant, il en était venu à spéculer sur le malheur; si cet exode se terminait par un désastre, il espérait bien en tirer parti, n'imaginant pas qu'il put être victime de la soif ou de l'eau salée dans des régions qui lui étaient familières et ne pouvaient être cruelles qu'à d'autres. Et ainsi, depuis qu'il s'était vu pillant les cadavres du campement ou récupérant ses quelques animaux dispersés, était-il disposé à une collaboration qui ne portait pas en elle tous ses espoirs.

On précisa les comptes: O. Jam recevrait un vêtement court de bandes de coton soudanais, deux pièces de guinée indigo, deux aiguilles et une bande de tente partie poil de chameau et partie poil de chèvre; la moitié de sa chasse lui appartiendrait et il pourrait en disposer soit sur place, soit à Ouadane, le transport vers le village incombant aux Kedadra. Dans un an il recevrait un fusil à pierre qui lui appartiendrait un an plus tard. Pendant tout le temps du séjour à El-Merayer, on lui accorderait une certaine quantité de lait pour couper et rendre buvable l'eau du puits nécessaire à sa consommation.

On décida d'envoyer sans tarder deux groupes de chasseurs. L'un d'eux, composé des trois meilleurs tireurs kedadra avec deux chamelles pleines, ne s'écarterait que de sept à huit jours; on munirait ceux-là d'un peu de poudre et ils chasseraient au fusil; leurs bêtes à demi chargées, ils reviendraient aussitôt ravitailler le campement s'acheminant vers Bir-Zreigat. De Rhallaouya au Bir, il faut compter cinq étapes, mais on en mettrait davantage, car le froid venu rien ne pressait d'atteindre le puits. L'autre groupe, comprenant O. Jam et deux jeunes gens, s'écarterait davantage; il emporterait de l'eau pour un mois sur le méhari d'O. Baba et le chameau galeux, passerait à El-Merayer et rejoindrait au Bir, apportant, avec la viande, les renseignements désirables sur les pâturages, puisque, les chameaux ne devant pas compter boire de suite, il faudrait choisir des itinéraires où le vert ne manquât pas.

Le Nemeday, toujours assis par terre et les genoux au menton, s'offrit de dédaigner deux ou trois candidatures. Il demandait: « Sais-tu couper la viande? », et si l'autre répondait: « Je dépouille les gazelles », il haussait les épaules, écœuré qu'on puisse confondre un vrai travail et ce jeu. Sid Ahmed se présenta avec un garçon de son âge, vigoureux, mais à la peau trop sombre, aux cheveux presque crépus. « Je pars avec toi », dit-il, et, désignant son compagnon, « celui-là coupera la viande ». Il fut agréé.

Le campement, sans souci, préparait son départ. Les ânes avaient servi d'acompte pour l'achat de quelques jeunes chameaux qu'il fallait habituer à la charge. Les femmes tannaient, pour en faire des outres, les peaux, troquées contre les agneaux sauvés de Fdérik. Elles en cousaient les ouverture après y avoir enfermé des écorces pilées et des feuilles d'acacia; elles les pétrissaient avec vigueur, puis les laissaient reposer avant de les frotter d'urine de chamelle et de les graisser, faute de beurre, avec le suif d'antilope fourni par O. Jam. Rien à cacher dans les rochers de Sani, aucun bagage encombrant dont l'abandon parfois s'impose; le départ devait au récent pillage une facilité plus grande encore que de coutume. Où sont les pâturages, où est la chasse est le pays, et les vieux seuls hésitaient à se flatter de beaux espoirs, parce que les vieux n'y croient plus guère; peut-être se souvenaient-ils d'exodes malheureux.

Le Nemeday avait fait tremper quatre peaux d'adax rapportées de sa dernière chasse et, les ayant frottées avec des feuilles d'acacia réduites en poudre, il hâtait le départ; ces peaux n'étant pas vraiment tannées, ne tiennent pas l'eau indéfiniment; il faut atteindre rapidement le gibier avec celles qu'on rapporte du puits, et verser leur contenu dans des peaux fraîches, sous peine de les voir se corrompre et perdre l'eau qu'elles contiennent, eau plus indispensable encore aux chiens qu'aux hommes.

Les deux jeunes gens soulevaient avec peine l'une des outres; O. Jam leur montra comment un homme isolé les charge toutes les deux avec une corde de cuir glissant sur le bât du chameau. Il voulut aussi qu'ils aient des sandales dures et leur offrit la peau du cou de sa dernière victime; il suffit aux jeunes gens, pour être solidement chaussés, de faire tremper le cuir épais et d'en fatiguer les morceaux à la main avec vigueur.

Le chasseur d'adax (1) est un être un peu à part; le campement s'intéresse à ses préparatifs sans l'y aider, car il ne s'en remet à personne de soins dont dépendent sa chasse et peut-être sa vie; il garde secrète sa direction, de peur qu'un autre ne l'y devance, et nomme, comme d'un pays familier, les dunes, les regs, les moindres détails de régions inconnues. Pour la seconde fois, Sid Ahmed se voyait l'objet de l'attention des femmes. Il s'efforçait de le trouver naturel et affectait de n'y pas prêter d'importance, s'affairant autour des chameaux qui, eux du moins, ballonnés par la charge vitale des outres informes, méritaient ses égards.

Les chiens, tout à coup, avec des abois sauvages, se jetèrent les uns sur les autres; le Nemeday leur lança des pierres en vociférant; mais comme ses deux limiers, évadés de leur laisse, se lançaient dans la mêlée, il s'inquiéta pour leurs dents précieuses et, frappant d'une dure entrave de peau, en un instant sépara les bêtes rageuses; à distance, elles grognèrent encore, les dents hargneusement découvertes, puis, par une détente aussi soudaine que leurs luttes,

(1) Geimeur, pl. gwamir.

elles se calmèrent et prirent les devants sur la piste devinée.

Alors les chasseurs s'ébranlèrent, s'éloignant sans se retourner.

*
**

Le soleil baissait derrière les trois chasseurs. Depuis la troisième prière (1), ils étaient entrés dans les Tiar el Azre qui annoncent l'Idjafoun. Le type du relief s'était accentué et maintenant les ondulations régulières, que les hommes abordaient en travers, s'approfondissaient, déterminant entre les dunes longues des couloirs très nets qui fuyaient indéfiniment vers le Sud-Sud-Ouest, et où venaient mourir les lignes parallèles de dunes vives qui coupent obliquement l'ancien plissement en le crêtant d'un cimier de sable clair. Il suffit pour donner une idée du Grand Erg Occidental de décrire un amas de dunes désordonnées jusqu'à la folie et de prier le lecteur de multiplier par dix ce que la notion de dune représente pour lui d'après ses souvenirs les plus romanesques de certains littoraux « civilisés ». Pour les ergs qui le suivent et comme le transportent vers la Mauritanie où il se déverse, ces comparaisons demeurent insuf-

(1) Celle de 5 h. p. m.

fisantes. L'erg méridional est aussi ordonné que celui du nord est chaotique. L'erg Chech strie le reg sombre de lignes sans fin de dunes vives qui filent parallèlement pendant des centaines de kilomètres, déterminant de longs couloirs (1), droits en apparence, mais qui, en réalité, s'incurvent du Touat à l'Adrar, suivant un rayon de 800 kilomètres axé en un centre qu'il faut situer au Maroc; puis, quand les dunes de ces lignes parallèles s'affaissent, s'arrondissent et colmatent les intervalles qui les séparent, transformant les couloirs sombres qu'on trouve plus au nord en vallées sablonneuses au profil d'une régularité schématique (2), l'erg Chech devient l'Ouarane. Dans l'Idjafoun, une récente influence éolienne a porté les sables sous un angle légèrement oblique par rapport à la direction primitive des dunes vieillissantes, arrondies et solidarisées en une dorsale continue de sable rouge, ils s'y déposent, la bravant d'un relief nouveau plus hardi, ils la parent et l'empanachent de ces cimiers clairs et très meubles qui retardaient la marche des chasseurs.

La sebkha d'el Mrayer est au Nord-Est de l'Idjafoun*, et il eut suffi au Nemeday, pour l'atteindre, de suivre sans peine l'un des vallonne-

(1) Les feidj en arabe des chamba.

(2) Ain pl. aioun en maure.

ments qu'il coupait; mais les antilopes se tiennent à la limite du Mreia, où l'erg Chech s'achève dans la plaine qui, en moins de 300 kilomètres, va atteindre le Hodh, pays de Oualata, tout proche du Soudan riche en esclaves. Les chasseurs qui marchaient depuis le matin achevaient leur cinquième étape et Mamoud O. Jam comptait rencontrer les premières antilopes dès le lendemain. A la vérité, ils avaient relevé dans la journée les empreintes rondes et fendues de quelques adax isolés, et le fils du Mechdoufi, malade, comme tous les Maures, dès qu'il sentait le gibier, de ne pouvoir le poursuivre, avait fait un gros effort pour résister à la tentation passionnée de proposer au Nemeday une tentative prématurée. Il y avait été aidé par la crainte de montrer un manque d'expérience. Son camarade silencieux et subalterne n'avait pas ces ardeurs; il allait du même pas rapide et court, conduisant le chameau de tête par la corde qui lui prenait la mâchoire et, depuis l'aube, n'avait dit un mot ni varié son allure, aussi insensible à l'ennui qu'à l'émotion dont tressaillait Sid Ahmed quand une trace fraîche trahissait une proie possible. De fatigue, il n'était pas question, et quand les hommes, ayant abordé un vallonnement où le had poussait des tiges plus vertes et plus longues que celui rencontré jusqu'alors, se furent en trois mots décidés à passser la nuit, ils s'empressèrent avec une vivacité qui les révélait inlassables.

Les grandes outres posées à terre sur la paille d'alfa arrachée par poignées, les chameaux entravés s'acheminèrent à pas minuscules vers les touffes appétissantes; les chiens s'allongèrent avides et altérés autour du Nemeday qui dénouait une outre. Le jet pressé de l'eau grisâtre emplit en bouillonnant l'écuelle de bois sombre sous les yeux attentifs. Le Kedíri rassemblait des brindilles de had mort, pour le feu. Sid Ahmed, étendant à l'envers les toisons mal tannées (1) qui lui servaient de couverture et à charger les outres, se mit à piler la viande sèche entre deux pierres; il en recueillit la poudre et, l'ayant mêlée à trois poignées de farine d'orge grillée, la recouvrit avec les coins de la peau. Quand les chiens eurent bu, que la bouilloire se prit à chanter, ils mouillèrent la farine dans l'unique écuelle et, l'ayant placée entre eux, ils commencèrent à manger en silence.

Le lendemain ils marchèrent à peine, car les derniers vallonnements de l'Idjafoun, plus verts que les précédents, étaient positivement piétinés par les antilopes. A deux ou trois reprises, ils en aperçurent au loin les taches blanches, et O. Jam, qui lisait les traces, relevant le passage

(1) Le faro en maure.

de plusieurs femelles suitées, décida d'établir sans tarder son bivouac provisoire (1). Les trois hommes déchargèrent leurs outres qu'ils recouvrirent soigneusement de paille, un peu plus loin ils cachèrent leur petit sac de farine, puis entravèrent leurs chameaux. Un peu altérés par les cinq jours de route, les grandes bêtes, dédaignant le had succulent mais salé, arrachèrent pour les mâchonner sans plaisir quelques brins d'alfa vert, qui résistaient parfois, en vibrant d'une note fausse et aiguë, à glisser dans leurs lèvres.

Sid Ahmed n'enterra pas sans regret au bivouac son fusil inutile, mais il fallait être léger; il retira aussi sa culotte et se ceignit en retroussant la tunique étroite, crasseuse à souhait, qu'il s'était procurée avant son départ; il l'avait marchandée avec convoitise parce que la toile indigo ou blanche donne l'éveil au gibier, avec maladresse, car, n'ayant su cacher son désir, le propriétaire de ce haillon avait spéculé sur son ardeur ;au reste, il n'avait rien versé de sa dette gagée sur l'avenir.

O. Jam prit en laisse ses deux « têtes de meute » et, confiant les quatre autres chiens à Sid Ahmed, il se mit en quête. L'autre Kediri devait les suivre de loin et revenir au bivouac

(1) Le timfit dans la langue des Nemadi.

provisoire y prendre les chameaux dès qu'il verrait une antilope atteinte.

Les deux chasseurs abordaient prudemment les croupes sablonneuses et, pour s'approcher des dunes qui les surmontaient, O. Jam abandonnait ses deux chiens à son compagnon; il gravissait sans hâte la pente de sable croulant et inspectait longuement le terrain. Sid Ahmed, s'il l'avait suivi, se fut affolé de le voir dédaigner les antilopes allant par couples. Le Nemeday cherchait mieux. Un peu avant midi il redescendit vivement d'un observatoire qu'il venait de gravir, et, entraînant Sid Ahmed sous le vent, il fila le long de la ligne de dunes vives qui coupait la croupe. Ils franchirent un premier vallonnement, passèrent la crête opposée, puis, suivant son profil, mais un peu en arrière de son faîte, ils revinrent vers le Nord-Est. Les chiens tiraient silencieusement sur leurs laisses. Après quelques centaines de mètres, O. Jam s'arrêta, fit un signe, aborda la crête et, se baissant, se mit à ramper; les deux limiers l'imitèrent et les autres chiens, avant même que Sid Ahmed ait mis une main à terre, s'étaient rasés. Derrière une touffe O. Jam s'arrêta, se retournant avec une grimace à la fois triomphante et cupide, il indiqua une harde paisiblement confiante. Les premières antilopes en étaient si proches que Sid Ahmed frissonna d'inquiétude et de plaisir. L'on distinguait les mâles et les femelles, leurs cornes différemment annelées; quelques-unes étaient couchées, d'autres grattaient du pied pour déterrer les racines du zanoun amer et aqueux; quelques faons gambadaient et un grand mâle, debout, immobile, semblait regarder les chasseurs invisibles; ses cornes de plus de deux coudées déroulaient au-dessus de son front blanc leurs hélices symétriques et superbes. Les adax sont plus lourdement armés que l'oryx, mais leurs cornes sont moins acérées que les siennes dont l'escrime le défend victorieusement des meutes et des fauves. O. Jam rampait. Ses chiens, attentifs à ses moindres mouvements, n'étaient plus les brutes ardentes à la bataille et fourbes devant le maître, mais des élèves dociles, des collaborateurs intelligents et séduits.

Même pour tirer au fusil, jamais, Sid Ahmed n'eut osé approcher autant son gibier. Les antilopes parfois semblaient sentir le danger, mais sans véritable inquiétude; elles regardaient, la tête levée, immobiles, puis se remettaient à paître avec une étonnante insouciance. O. Jam enfin découpla. Si vite qu'à l'imiter se hatât le jeune homme, il ne put lâcher ses chiens avant que les deux « têtes de meute » aient choisi leur victime. Déjà le Nemeday les excitait: « Lahgou! Lahgou! Ouach! Ouach! ».

En un instant elles eurent rattrapé le grand mâle qui avait d'abord hésité à fuir; l'un des chiens sauta pour lui prendre l'oreille avec une ardeur telle que, l'ayant manquée, il roula sur le sol, entraîné par son élan. Lourdement l'antilope se lançait. Mais, avant qu'elle ait pu prendre sa vitesse, le second limier lui avait sauté aux naseaux et y restait suspendu tandis que l'adax, secouant la tête, s'arrêtait stupide de douleur et d'étonnement. La harde s'était ébranlée, mais d'abord au trot, hésitante, n'étant plus conduite. Les autres mâtins vinrent à la bête saisie, lui prenant les oreilles et lui mordant les pattes; alors les deux chiens de tête la leur abandonnèrent et reprirent leur course pour atteindre, plus loin dans l' « aïn », une jeune antilope qui fuyait légère et jolie. Les deux chasseurs, en courant, avaient suivi la meute; O. Jam pour ne pas perdre de temps à lutter avec une bête qu'il devinait résistante, au lieu de la frapper, tira son couteau et lui trancha les deux tendons; puis, sans s'attarder, il suivit les chiens, déjà repartis, tout en jetant au jeune homme: « Attention, il tue. » Déjà il atteignait la seconde antilope que ses limiers livraient aux autres chiens; d'un effort adroit, il la saisit par une patte, la jeta sur le sol et, lui renversant la tête, lui trancha largement la gorge sans cesser de jeter son cri: « Lahgou! Lahgou! ». Dans un troisième galop la meute avait abordé une mère retardée par son faon. La bête, aux abois, cnerchait à faire tête, un adversaire pendu à chaque oreille. Le Nemeday tarda un peu à l'atteindre. Quand il arriva, les chiens haletaient et, après son coup de lance, ils restèrent autour de leur victime, hypnotisés, poussant d'instant en instant de glapissants abois. Les dernières antilopes de la harde au loin franchissaient la seconde ligne de dunes. O. Jam n'essaya pas de les relancer. Il détacha son couteau qu'il avait remis dans sa gaine et allait le repasser sur son pied d'un geste machinal pour égorger, par un vague souci religieux, la bête abattue, quand les plaintes du faon lui firent lever la tête; dédaigné de l'homme et respecté des chiens, il arrivait en boitillant pitoyable et stupide. O. Jam alors seulement se souvint de son compagnon. Les chiens, en cercle autour de l'antilope mourante, inquiets de leur curée, s'étaient couchés sans cesser par intervalles de donner de la voix. Le Nemeday, cherchant du regard dans le vallonnement, découvrit au loin le jeune homme. Aux prises avec le vieux mâle, tour à tour il l'abordait ou se rejetait en arrière quand l'adax blessé se redressait à demi le menaçant de ses cornes monstrueuses. Un sourire amusé fit grimacer le visage du Nemeday qui, se penchant, égorgea tranquillement sa dernière victime; le sang jaillit sur le sable de la trachée béante, et le corps sembla se vider de vie avec des soubresauts lassés, avant de se raidir dans un mécanique et dernier spasme. Alors le chasseur revint sur ses pas. Le mâle menaçait toujours l'adolescent confus et irrité. O. Jam déroula sans hâte la corde en cuir dont il était ceint et, la lançant sur les cornes de l'adax, le fit basculer au moment où il se relevait sur ses antérieurs, puis, se jetant sur la tête renversée, il empoigna les cornes à deux mains et, y pesant de tout son poids, les enfonça profondément dans le sable; vaincu par sa surprise, par sa blessure, le bœuf s'effondra; le sang jaillit de sa gorge tranchée et il restait ainsi la tête renversée plantée sur ses cornes, le cou largement ouvert, ses grands yeux déjà ternes, pleins du sable de son dernier combat.

Quand le Kediri arriva conduisant les chameaux, les deux hommes avaient déjà traîné auprès de la plus lourde les antilopes blanches aux belles cornes annelées; ils en avaient dépouillé une et avaient vidé les deux autres. Les rumens mis à part attirèrent le chameau galeux; O. Jam en prit un, l'ouvrit, versa sur la peau étendue son contenu d'herbe mâchée, tiède et humide; l'animal, sans flairer, se mit à manger cette pitance avec une évidente satisfaction. Le méhari d'O. Baba n'avait jamais été avec les chasseurs d'adax, il flaira la douteuse nourriture et s'écarta. O. Jam le ramena vers la peau où il avait vidé le contenu d'un second viscère, mais le méhari se refusait à manger; il fallait pourtant qu'il l'acceptât; les chameaux des chasseurs d'adax n'ont pas mieux pour se désaltérer. Les deux hommes firent agenouiller l'animal, puis O. Jam le tenant d'une main par la lèvre inférieure, prit avec l'autre une poignée de la chose humide; adroitement il en fit une boule ruisselante et, par surprise, l'introduisit dans la gueule énorme, ouverte toute grande pour protester par un gargouillement rageur et impuissant; de la langue le chameau essayait de rejeter la mixture tombée au fond de sa gorge.

Un soir O. Jam et Sid Ahmed rapportèrent au bivouac leurs dernières antilopes. Ayant baraqué l'azouzel, ils dénouèrent les tendons qui les retenaient aux flancs de l'animal, le firent lever d'une tape, considérèrent le gibier affaissé sur le sable et surent que la chasse était finie.

Depuis des jours, le Kediri avait travaillé sans trêve à couper la viande, à la sécher, à la coudre une fois prête dans les peaux vite parcheminées au soleil, et, tandis que les ballots (1) qui con-

(1) Akharouz pl. akhariz dans la langue des Nemadi.

tiennent chacun la chair d'une antilope, s'alignaient plus nombreux, les environs du bivouac s'étaient jonchés de plus de carcasses. Elles dégageaient une puissante odeur de charogne.

Les chasseurs n'y songeaient guère. La chasse avait été bonne. Les chiens, toujours maigres, avaient pris beau poil et se battaient plus souvent; les chameaux, habitués à une ration quotidienne, ne s'écartaient guère, et on ne les entravait plus; les hommes eux-mêmes se sentaient en forme.

Mais les grandes outres reposaient flasques sur leur lit de paille noircie.

Le Kediri en réclama les peaux. A demi corrompues, elles ne servent à envelopper que les viscères et les déchets en ballots de peu de valeur (1) ; mais le Kediri, qui n'avait pas toujours connu l'opulence avait, des humbles, le souci de ne rien laisser perdre. O. Jam et Sid Ahmed transvasèrent l'eau fétide des grandes outres dans trois guerba goudronnées qu'elles remplirent à peine.

La viande des dernières antilopes tuées, bientôt mise en lanières, alla rejoindre, sur les pieds de had et les touffes de graminées, d'autres lambeaux à demi secs, flore étrange et puante du bivouac; puis, désœuvrés, les trois hommes

(1) Les ameterki.

recomptèrent leurs richesses, ces ballots parcheminés qu'ils bousculaient à plaisir pour en entendre la creuse résonnance.

Dès le surlendemain, toute la viande put être transportée et les chasseurs, conduisant les chameaux alourdis d'énormes charges, abandonnèrent aux vautours les dunes où le passage des hommes restait marqué des signes d'un carnage.

L'eau s'épuisait; ils marchèrent jours après jours, de l'aube au coucher du soleil, les chiens sur leurs talons, les chameaux gravissant, lents et sûrs, derrière le Kediri, les dunes qu'ils redescendaient ensuite, d'un pas retenu, avec la même sagesse.

A l'étape, les trois hommes se préoccupaient d'étendre la viande encore trop fraîche, d'humecter les peaux destinées à la contenir ou de sécher soigneusement celles réservées aux outres des prochaines campagnes. Leur farine était épuisée depuis longtemps; ils mangeaient de cette viande à demi sèche qu'ils transportaient en vrac et trouvaient encombrante. Parfois ils tiraient d'une enveloppe de parchemin éventrée les tripes préparées par le Kediri habile à les retourner sur son doigt pour en envelopper et conserver la graisse (1), gourmands, ils les fai-

(1) Megloub.

saient griller sur la braise où elles gonflaient en se tordant.

Cette nourriture substantielle et la bonne chair des jours de chasse développaient leur vigueur; Sid Ahmed pensait avec une imagination excessive aux femmes qu'on allait retrouver.

Parfois la trace fraîche de deux doigts larges et d'un ongle puissant excitait son humeur; la présence des autruches, faciles à surprendre mais impossible à forcer, lui faisait serrer la poignée de son arme reconquise; mais il préférait garder ses cartouches pour annoncer son retour...

Le Nemeday parlait désormais davantage; il avait remarqué chez son compagnon une mémoire précise du terrain, et son intuition l'avait fait se rapprocher de cet adolescent en qui il devinait l'instinct du guide. Quand le sable se fit plus rare que les longues croupes fauves, que le reg apparut coupé de files parallèles de dunes vives tranchant en clair sur le sol sombre, il lui annonça l'erg Chech avec, dans la voix, quelque chose d'important et de mystérieux: c'était là, plus précisément, son domaine.

Sid Ahmed excita ses chiens: « Lahgou! Lahgou! Ouach! Ouach!... », sa voix bien timbrée retentissait entre les dunes; les antilopes maigres se défendaient mal, mais les chiens fatigués encore des rigueurs de l'été se lançaient sans entrain.

Le temps meurtrier, qui si follement vite passe sur les hommes, s'écoule pourtant sans qu'ils le sentent; une année sèche après une année abondante est un trop mince jalon. Parfois seulement un garçon qui a grandi, une fille qui se voile, rappellent inopinément les ans passés. Depuis combien de temps Sid Ahmed O. Mechdoufi lançait-il ses chiens lui-même!

« Lahgou! Lahgou! Ouach! Ouach! » L'appel retentissait derrière les dunes.

Les Kedadra avaient passé par de bonnes et de mauvaises années, des étés terribles, des hivers plantureux. L'abondance avait quelque temps payé la sécheresse, mais les femmes avaient bientôt souffert dans leurs habitudes trahies. N'ayant plus de laine à filer, plus de peaux à tanner, plus de vie sociale pour tout dire, elles s'étaient inconsciemment grossi des inconvénients ménagers imperceptibles et multiples. Lorsqu'elles avaient senti le ressort du point d'honneur se détendre chez leurs époux, elles avaient tenu des conciliabules puis essayé leurs armes: ces campagnes sourdes et têtues qui lassent l'homme. Comme elles ne pouvaient arguer de l'incommodité des outres, de la rareté des aiguilles, de ces importants détails que les mâles ne sentent pas, elles avaient joué d'autres soucis. Attirant à elles leurs enfants, elles leur trouvaient mauvaise mine, elles les plaignaient d'ignorer leurs cousins, de ne pas connaître les bonnes choses de l'existence: les moutons gras, la saison des dattes, le passage des gens. Elles se lamentaient plus ouvertement sur les enfants en âge d'être circoncis et qui, faute de forgerons, ne l'étaient pas encore... Alors, comme les chamelles avaient mis bas, que des événements nouveaux s'étaient produits dans l'Ouest, plusieurs s'étaient laissés tenter. Sidati avait été le médiateur obligé entre les Nçara et ces enfants prodigues; il y avait affirmé son influence et bien des tentes étaient rentrées en Adrar.*

A la vérité, les plus fanatiques chasseurs avaient seuls résisté; leurs épouses faisaient un peu figure de victime et Sid Ahmed avait dû battre la sienne pour ne pas céder quand O. Farkak, le compagnon de ses premiers essais, s'était décidé aussi à charger ses bagages et à reprendre la route de l'Ouest.

Comme les antilopes chassées par la présence des hommes s'étaient portées peu à peu vers Agueraktem, Tiniouleg, El Kseib, des Nemadi, pour les y atteindre, étaient venus depuis quelques années dresser leurs abris de paille auprès des derniers Kedadra réfractaires à toute soumission; ils avaient un peu remplacé les absents, mais le campement en avait pris une note plus sauvage.

La sécheresse cette année était le triomphe des chasseurs. En Adrar la vie était dure. Bien que peu grasse, la viande boucanée se vendait bien à Ouadane. Les hommes qui s'y étaient rendus les derniers avaient pu en rapporter quelques pains de sucre que les femmes souhaitaient depuis longtemps; elles invoquaient l' « iguendi »* pour les obtenir et disaient souffrir dans leurs os; la boisson qui, malgré le lait, restait éternellement salée, agissait plus sur elles que sur les chasseurs souvent rassasiés de viande fraîche, et le grand argument de Lalia ment Mdehen pour excuser sa stérilité était de l'imputer à l'eau d'El Merayer. Mais il eut fallu d'autres arguments pour convaincre Sid Ahmed.

Le temps était passé où l'adolescent O. Hammonni frappait du tranchant de sa main ses boucles beurrées, le temps où il songeait à ses nobles cousins. Déjà il répondait « Hôoh » quand on lui parlait, et, parfois, quand il avalait le « mim » (1) à la fin des pronoms, sa femme lui disait: « Ce n'est plus l'Hammoni qu'il faut t'appeler, mais le Nemeday », et lui, distrait, répondait: «Hôoh», comme O. Jam, sans cesser de tresser des lanières de cuir maintenues par l'orteil, puis, brusquement inquiet, il relevait la tête: « Pourquoi ? ». Alors elle riait de sa naïveté, pour peu qu'il lui eut promis des anneaux d'argent, ou haussait les épaules, si elle pensait à l'Adrar, amusée ou irritée qu'il ne distinguât même plus la façon nemadi d'accentuer la langue hassane*. Mais pourtant Sid Ahmed ne se voulait pas nemeday, il est plus facile de se convertir que de l'avouer, et si la chasse, si l'espace et en somme la liberté avaient pris pour lui un prix désormais inestimable, il trouvait d'autres raisons à son isolement volontaire, à sa sauvagerie passionnée: il avait vu les Nçara.

Au cours d'un voyage à Ouadane où il s'était rendu avec trois charges de viande sèche, il avait

(1) Lettre de l'alphabet arabe.

coupé les traces d'un détachement de leurs troupes; traces étranges, alignées et régulières, très différentes de celles d'un parti maure. Vis-à-vis du ksar, sur l'éperon devant lequel l'oued s'étrangle, une construction fortifiée avait été bâtie. O. Amein Salem lui avait appris que les Nçara dirigeaient une troupe de captifs noirs, presque habillés comme eux, et qui faisaient tout ce que leur disaient leurs maîtres; ils frappaient les gens et ne respectaient pas aux puits les droits du sang plus que la coutume. Les « musulmans » qui avaient été à Chinguetti ou dans le Sud ne les disaient pas abid (1), mais « tiraiour ». Ils étaient armés d'excellentes carabines. Quand Sid Ahmed avait demandé s'ils les vendraient on avait ri et quand il avait prétendu en dérober une on l'en avait dissuadé, soudain sérieux, lui disant que le village entier payerait l'amende, injustice qui lui avait paru révoltante. Il avait vu ces « captifs » dont un petit détachement était au village et, en connaisseur, avait supputé leur valeur marchande. Il avait voulu voir un Naçrani et, caché derrière une palissade de palme, il avait pu en observer un tout à son aise; c'était un homme très blanc, gras comme une femme, avec d'affreux cheveux jaunes, mais un « Arabe » évident, tant par la blancheur de la peau que par sa façon d'or-

(1) Abid signifie à la fois nègre et esclave.

donner. Sid Ahmed avait demandé si les Nçara sont effectivement des « Arabes », on lui avait répondu qu'ils sont des fils de Jafet. Une réaction de défense les lui avait fait craindre; et comme il avait horreur de la peur, il les avait aussitôt détestés.

Sid Ahmed n'était pas de ceux qui se soumettraient à ces gens; ils boivent, dit-on, des boissons fermentées et mangent des viandes impures. Avec la belle inconséquence de ceux qui vivent dans l'action, le jeune homme pensa surtout: ils ne prient même pas! oubliant combien souvent les chasseurs d'adax laissent passer l'heure de la prière.

Ce n'était qu'une faible harde, et son meilleur limier étant malade, Sid Ahmed ne relança pas sa meute. Ayant saisi une patte de l'adax, il le renversa d'un effort, il éprouvait au jeu de ses muscles un étrange plaisir.

Vivement, avec un compagnon, il dépeça la bête. Etant loin du bivouac, les deux hommes se hâtaient, car la meute, qui s'était partagée sans entrain une curée délicate, avait soif. Se relevant de sur la carcasse presque entièrement dépecée, Sid Ahmed remarqua soudain que deux de ses chiens manquaient; c'étaient deux bêtes vicieuses, qui attaquaient les faons, qui étaient toujours les plus lâches au laisser-courre, deux bêtes qu'il eût tuées n'était la difficulté de les remplacer dans la meute, car les Nemadi stérilisent les chiennes. Le chasseur eut l'intuition d'un désastre. Aussi, dès qu'ils eurent chargé, sur les chameaux aux lèvres ruisselantes d'une dernière curée, les quartiers de viande traversés de cordes grossières, les deux hommes reprirent-ils rapidement la direction du bivouac.

Ils allaient l'atteindre quand ils coupèrent les traces de deux méharistes; les empreintes larges et crevassées dénonçaient les montures du Nord qui foulent la hammada; les chameaux kedadra, vivant dans la dune, ont la sole nette et lisse. Les traces étaient encore chaudes; comme les étrangers ne pouvaient manquer de relever la présence des chasseurs et que ceux-ci étaient venus du bivouac en passant plus au Sud, Sid Ahmed et son compagnon suivirent les traces des deux méharistes pour voir ce qu'ils feraient lorsqu'ils rencontreraient les leurs. Un peu plus bas elles indiquèrent que les gens du Nord avaient su lire celles des deux chiens; ils avaient obliqué à droite pour les remonter. Sid Ahmed, abandonnant le chameau et la meute à son compagnon, le devança. Quand il atteignit la dune qui dominait le bivouac, il prit les précautions d'usage, attentif de l'œil et de l'oreille, utilisant dans sa progression les moindres replis du sable. L'ayant gravie, il aperçut les hommes; assis, ils grignotaient des morceaux de viande sèche prise à une peau éventrée d'un coup de poignard; leurs deux chameaux entravés paissaient; deux chiens qui grognaient à l'écart étaient tenus en respect par les poignées de sable que, de temps à autre, l'un d'eux leur jetait. Ses chiens rappelèrent à Sid Ahmed le danger qu'il venait un instant d'oublier, et, dédaignant toute subtile précaution, il se dressa, nettement profilé sur la dune: « Ioô ououou! »; aigu, son cri porta loin, semblable à l'aboi d'un chacal; les étrangers, jetés derrière deux touffes, tenaient déjà en joue le chasseur. Alors Sid Ahmed articula: « Moi... Nemeday, Nemadi, Ne...mâââdi! »; les hommes, rassurés, lui firent un signe. En avançant, Sid Ahmed cherchait des yeux le ventre bombé de ses outres. Quant il fut à quelques pas, il répéta: « Nemadi »; les autres se nommèrent: « Nous Reggueibat ».

— Lesquels?

— Llgouassem.

Alors les hommes, semblant brusquement penser à toute autre chose, commencèrent à se saluer avec l'air de profonde distraction et la parfaite indifférence qui conviennent:

— Le salut sur vous.

— Sur vous le salut.

— Pas de mal sur vous?

— Pas de mal, grâce à Dieu.

— Vraiment pas de mal ?

— Louange à Dieu.

— Comment allez-vous?

— Sans mal, Dieu soit loué.

— Ne vous est-il rien survenu de déplorable ?

— Rien survenu, rien survenu, grâce à Dieu.

— N'avez-vous pas eu soif ?

— Non, non..., non.

— Louange à Dieu.

Si les formules n'apprennent pas grand'chose, elles permettent aux yeux de se connaître. La glace rompue, les hommes jetèrent leur fusil à l'épaule et Sid Ahmed, n'ayant rien à cacher, interrogea:

— Vous êtes d'un rezzou ?

— Hé.

— Flanc-gardes ?

— Hé.

Puis, à leur tour:

— Vous êtes deux chasseurs d'adax ?

— Hé.

Alors sur un ton aimablement détaché:

— Tes chiens t'ont trahi.

Sid Ahmed déjà avait noté auprès du bivouac une large tache de sol humide; ses craintes s'étaient réalisées, il ne s'étonna pas. Penché sur ses grandes outres vidées, il en examinait les déchirures. Les chiens assoiffés avaient pu crever l'une d'elles dont l'eau s'était répandue sur le sable, perdue même pour eux, mais ils avaient été surpris comme ils s'attaquaient à la seconde dont l'ouverture à peine marquée des crocs avait été élargie avec une lame. Les petites outres reggueibat étaient aussi trop pleines pour des gens venant de l'Amchanyate! Devançant l'autre chasseur, les chiens arrivaient et, sentant l'humidité du sol, s'y vautrèrent. Alors Sid Ahmed, sans trahir sa clairvoyance, se releva de sur ses outres:

— Vous avez des cartouches ?

— Nécessairement.

— Alors, tuez les chiens.

Le plus jeune Reggueibi avait déjà armé son fusil, l'autre fit un geste pour le retenir, car les cartouches sont précieuses, mais le jeune homme voulait montrer son adresse: le coup partit et l'un des chiens coupables fléchit sur ses pattes de derrière, puis essaya en hurlant de traîner sur le sable, où il laissait une trace rouge, la moitié déjà morte de sa chair. Sid Ahmed, appelant l'autre, le saisit par la peau du cou et, lui ouvrant le ventre d'un coup de couteau, le jeta pantelant au milieu de la petite meute hérissée d'horreur et servile.

Au désert, il n'est pas besoin de diplomatie pour connaître le propos des gens; les actes sont obligés et obligent. Il était évident pour Sid Ahmed que le razzi se dirigeait sur El Merayer et, probable qu'aucun des hommes le composant ne connaissait le site exact du point d'eau. Paroles inutiles qu'interroger: l'itinéraire même du rezzou indiquait son but, sa position trahissait que, n'ayant voulu se procurer un guide onéreux et par ailleurs inutile, il comptait se retrouver par les traces des chasseurs d'adax rayonnant autour du point d'eau qu'on savait, dans le Nord, occupé par quelques Kedadra. Sid Ahmed ne chercha pas à jouer au plus fin; il savait parfaitement que les deux hommes armés n'abandonneraient pas aisément le butin de viande sèche trouvé au bivouac ni le guide qui deviendrait utile si le vent d'Est se levant effaçait les traces déjà anciennes. Il eut bien songé, étant armé lui-même, à tuer les deux Reggueibat au cours de la prochaine nuit, mais il les devinait appuyés par le rezzou qui ne pardonnerait pas. Avec la décision du Saharien que la perspective de la soif ne désarme pas, mais au contraire excite, Sid Ahmed et son compagnon, n'ayant plus d'eau, hâtèrent leur départ. Sans parler, ils chargèrent leurs bêtes, et les deux razzieurs, tacitement d'accord, allèrent reprendre leurs montures entravées.

— Combien du bivouac au puits?

— Trois étapes.

Les hommes surent qu'ils atteindraient l'eau avant que la soif ne soit trop grande.

En marchant, ils s'entretinrent de l'origine des arrivants, du débit d'El Merayer, du nombre des chasseurs. Ne comptant qu'une trentaine d'hommes, le parti reggueibat n'était qu'un médiocre rezzou; il avait quitté la Guelta depuis plus de trois semaines; ne s'étant pas pressé pour traverser le no man's land, les quelques 500 kilomètres parcourus avaient suffi à mettre les animaux en condition; ils s'étaient levretés et désormais pouvaient entreprendre une action rapide, mais quelques-uns avaient souffert de la transition trop brusque des beaux pâturages du Zemmour au jeûne presque complet des jours de marche. Sid Ahmed comprit que les rezzou reggueibat s'attarderaient à El Merayer.

On appelle « kheness » cette tactique des rezzou qui consiste à s'enfoncer dans les régions les plus inaccessibles du Sahara et à s'y attarder, laissant les mehara se refaire, et s'épuiser l'intérêt des renseignements qu'ont pu recevoir sur le départ des razzieurs les régions menacées.

Les Reggueibat parlaient familièrement de pays lointains: l'Iguidi, le Yetti; l'un d'eux, ayant déjà razzié au Soudan, citait l'Azaouad, et Sid Ahmed sentait confusément combien le monde s'étendait encore plus loin qu'il n'avait été. Quand il interrogeait, c'était pour savoir la couleur de la terre, les «bandes» différentes que l'on coupe pour atteindre une région donnée, la végétation qui les distingue, et c'était d'instinct sur ces détails qui fixent dans l'esprit d'un guide-né les itinéraires qu'il parcourt.

Sid Ahmed avait pu, avant de se mettre en route, se désaltérer d'une petite outre épargnée et en faire boire les chiens; mais le lendemain, quand il demanda de l'eau aux Reggueibat, ceux-ci la lui refusèrent. Ils s'étonnaient de n'avoir encore coupé les traces de leurs amis et craignaient une trahison, d'autant plus inquiétante, qu'ils n'en concevaient le mode ni la raison. Ils sentaient leur faiblesse d'être étrangers aux lieux et, instinctivement, résistaient à aider des hommes qui, d'en être familiers, se révélaient des adversaires. Ils refusaient leur eau, cette eau volée donc doublement leur, par une obscure réaction de défense. Sid Ahmed, méprisant, négligeait de leur expliquer que le rezzou avait dû rencontrer O. Jam chassant plus au Nord et avait sans doute obliqué pour atteindre directement le puits. Vers l'heure où le soleil, assez haut dans le ciel, ralentissait déjà sa course*, ils recoupèrent les traces de quelques antilopes. Sid Ahmed sourit. Sans hésiter, il fit arrêter son chameau, prétendant chasser une ou deux adax pour se désaltérer et désaltérer les chiens de l'eau fétide du rumen. La perplexité des razzieurs l'amusa et, condescendant, il finit par leur expliquer pourquoi ils ne rencontreraient pas le rezzou avant El Merayer. Les deux Reggueibat, alors, consentirent à lui donner à boire. Mais ils refusaient leur eau précieuse aux chiens avec ce mépris pour l'animal impur de ceux qui ne savent pas. Ils résistaient aux exigences du chasseur comme à un sacrilège. Lui alors persistait à atteindre quelque gibier. Enfin, pris par cette impatience que donne l'inquiétude, ils cédèrent.

⁂

Désormais, dès la chute du soleil, le campement résonnait de cris aigus, les Reggueibat et les Kedadra s'excitaient à leurs jeux préférés que l'émulation rendait plus bruyants encore que de coutume. En cercle autour de l'un d'eux, ils l'insultaient et le frappaient, avec des cris poussés du haut de la voix, jusqu'à ce que le patient eût touché du pied l'un des joueurs; il y déployait une vivacité et une souplesse plus réelle encore qu'apparente; rarement il restait longtemps à son poste. Parfois deux jeunes gens s'excitaient à la lutte, ils se prenaient loyalement à la taille l'un dessus l'autre dessous et, s'accrochant une jambe, s'efforçaient sans brutalité de se jeter à terre; l'effort restait invisible, presque immobile; les deux adversaires, leurs muscles bandés, sans se séparer, rattrapaient parfois leur équilibre d'un mouvement vif, mais soudain ils s'effondraient l'un sur l'autre; les youyous des femmes chantaient la victoire de celui qui avait provoqué la chute, et les deux hommes se relevaient en frappant leur chevelure pour en secouer le sable, geste de coquetterie dont le double avantage était de fixer l'attention sur leurs boucles et de cacher à la fois le triomphe ou la confusion des lutteurs.

Depuis huit jours le rezzou installé à El Merayer se laissait vivre. La chasse donnait avec une suffisante abondance; les pillards offraient leur farine d'orge, dont ils savent faire des galettes, et les Kedadra cédaient avec la viande le lait qui rendait l'eau buvable; il était en quantité suffisante, car l'hiver venu, seuls boivent les malades et les chasseurs altérés par la course; pour eux, d'ailleurs, les puisards qui donnent quelques litres pendant un mois après les pluies laissaient encore sourdre un peu d'une eau terreuse mais douce.

Le soir, la mesure rythmée des paumes sur un tambour improvisé avec une large calebasse de bois, tenait longtemps les hommes éveillés et progressivement les fines mains des femmes devenaient plus agiles sur la peau résonnante; ou bien, le tam-tam s'assourdissant, un razzieur récitait de courts poèmes (1) que des doigts discrets accompagnaient en sourdine. Il disait d'abord l'occasion qui avait éveillé la verve de l'auteur, puis, sur cet argument, préludait en citant le poète; il déclamait alors sur un mode aigu à peine chanté, puis, suspendant brusquement sa diction sur la note haute à la fin du vers, il bourdonnait sourdement tandis que les auditeurs balançaient la tête, prononçant un « och » guttural et admiratif; mais ils comprenaient aussi la moquerie qui suivait la louange et oubliaient l'admiration de la poésie pour éclater de joie à l'allusion du dernier vers.

« Après notre pillage de Talmeust », disait le conteur, « nous avions demandé à un marabout des Ida O. el Hadj quels étaient les meilleurs musulmans de nous ou des gens soumis aux Nçara, et cet infidèle nous avait répondu : « Il « vaut mieux se soumettre à l'infidèle que com- « battre le musulman. » Alors Ismaïn O. Bouzeid composa ceci*», et il faisait en chantant sentir la mesure :

« Les gens du Sud sont tous parfaits...
« ...m...mm...mmm...mmmm...

(1) Gafs.

« Nous souhaitons être l'un d'eux...
« ...m...mm...mmm...mmmm...
« C'est un savant inégalable...

Une pause laissait désirer la suite:

« Sa science pourtant nous étonna...
« ...m...mm...mmm...mmmm...
« C'est de Satan qu'il dut apprendre...
« ...m...mm...mmm...mmmm...
« A se rayer du paradis. »

Les Reggueibat ne sont pas des étrangers pour les Kedadra. Dans les Tires, où les appelaient les pâturages de printemps, à Idjil dont les salines mettent en contact tous les nomades du Sahara occidental, les gens d'Adrar avaient surtout rencontré la branche du Sahel qui nomadise dans l'Ouest. Mais au Nord du Makteir, où la chasse les avait entraînés parfois, dès avant leur exode, ils avaient pris contact avec les Reggueibat de l'Est, les Llgouassem, plus grands nomades et plus rudes que les fils de Cheik Sid Ahmed Reggueibi.*

Et pourtant, quand on parlait le soir auprès des feux, que de choses étonnaient Sid Ahmed! Les Reggueibat ont beau n'être pas de noble origine, l'importance de leurs troupeaux, les distances qu'ils parcourent, leurs relations marocaines ne laissent pas d'en imposer même à un Oulad Hammoni.

Les tribus, comme les dunes, grandissent et meurent à un rythme irrésistible et lent; les anciens rappellent qu'un puits était où il n'y a plus que du sable où parlent des Tadjakant, poussière de fractions dispersées, comme d'une confédération puissante.

Les Tadjakant... les plus anciens parmi les razzieurs, avaient pris part à cette attaque de Tindouf*, leur puissante capitale... Ils disaient le splendide pillage et personne ne s'étonnait plus parmi les nomades du Sud d'aller, quand leurs campements y étaient attirés par les pluies, prendre aux charpentes de la ville désolée le bois des feux de bivouacs.

Les Kedadra imaginaient mal cette cité marocaine égarée au désert et que les Reggueibat leur disaient si différente, avec ses constructions régulières, des villages sahariens aux maisons éternellement croulantes; mais comme eux sans pitié pour la ruine, pour le grand minaret silencieux, superbe et triste, ils cherchaient à deviner le cadre inespéré qu'avait pu être Tindouf* pour un pillage, si magnifique, qu'il était à leurs yeux le plus certain titre de gloire de leurs hôtes.

Parfois l'imam du rezzou expliquait au cours des soirées ce que disaient les livres. Que dix-sept autorités doivent prévaloir au Sahara avant la venue du Mahdi. Il tenait de son maître, élève jadis à l'université de Fez, que s'y étaient déjà succédés les Ghenaga, les Ouled Guendouz, les Ouled Mansour, d'autres probablement qu'il avait oubliés... Les Ouled Delim ont prétendu en avoir repris la mission. Mais les Reggueibat plus sûrement ont relevé le flambeau.

Souvenirs vivants ou imaginations mystiques se mêlaient et la lueur des flammes donnait aux visages enhardis par l'espoir une énergie un peu mystérieuse.

Sid Ahmed s'exaltait à ces contes.

Lorsque les razzieurs furent partis, il trouva l'Ouarane un peu vide, la chasse monotone. Lalia qui, jolie, avait été courtisée, se découvrant solitaire, intriguait sourdement et, trop souvent, jouait de l'irritation que les femmes sont savantes à faire naître. Sid Ahmed se surprenait à mâcher des vers et s'en irritait, car sa voix savait plaire; il s'imaginait chevauchant en tête d'un rezzou qui l'écouterait chanter d'anciennes prouesses ou atteindre déjà l'ennemi d'ironiques louanges et de mordantes épigrammes.

L'Ouled Hammoni prenait sa revanche du « Nemeday ».

Alors, comme il était un peu jaloux, comme il sentait qu'il faut détruire le prestige de ce que l'on ne peut atteindre, Sid Ahmed se souvint un soir tenir du Mechdoufi un sens certain du rythme. Comme ses compagnons parlaient encore du rezzou, de son long, de son notoire séjour parmi eux, il se prit à bourdonner en sourdine, puis, quand il eut obtenu le silence, il annonça sur un ton uniforme : « Ainsi parlait le fils du Mechdoufi » ; et sa voix, roulant très loin, lança comme un appel modulé :

« La Jihad (1) du Nord est connue...
« m...mm...mmm...mmmm...

« Elle est sans Loi et sans Sonna (2)...
« m...mm...mmm...mmmm...

« Elle croit chasser en trompant Dieu.
« m...mm...mmm...mmmm...

« Vraiment cela nous étonna...
« m...mm...mmm...mmmm... »*

Le timbre était assez clair, la mesure assez juste pour faire négliger l'injustice, on admira. Et chacun trouvait dans son plaisir un léger parfum de vengeance.

Mais Sid Ahmed ne comprit pas encore que sa colère, comme celle d'une femme qui s'irrite, dénonçait l'Amour.

---

(1) La guerre sainte.

(2) L'ensemble des traditions qui sont à la base de la doctrine de l'Islam.

DEUXIÈME PARTIE

Sid Ahmed eut la sagesse de ne pas arriver en parasite chez les Llgouassem.

Sa fierté l'en avait préservé; un hasard heureux l'introduisit chez les gens du Nord en créancier du vieux Youssef. Riche seulement de sa carabine, il avait accepté avec simplicité, de son opulent débiteur, une hospitalité qui lui était due ; et, sûr désormais de trouver un commanditaire, il pouvait rêver à ces expéditions lointaines auxquelles il voulait prendre part comme « attila », lié par un contrat dont sa liberté n'aurait point à souffrir.

L'idée de partir pour le Nord lui était venue quand le rezzou d'O. Meyara, celui, ô inconséquence, qu'il avait raillé dans ses vers, était revenu à el Merayer, chargé du butin pillé dans le Hodh. L'excitation de son petit groupe, les mines des femmes, avaient su lui faire imaginer l'accueil qui, dans un campement plus nombreux, attend le rezzou vainqueur.

Sa sombre envie n'avait point échappé au Meyara toujours soucieux de s'entourer de gens bien à lui. Le vieux razzieur l'avait regardé jusqu'au fond de l'âme, et brusquement lui avait proposé de le suivre. Sid Ahmed, sans répondre, s'était absorbé dans le jeu de tracer sur le sable des dessins qu'il ne voyait pas, puis, irrité d'entendre sa femme demander, avec des petits rires nerveux, quelque nouveau cadeau aux hommes du rezzou, il s'était levé pour la rabrouer. Il lui suffisait d'imaginer son retour dans le nord les mains vides tandis que les autres distribueraient avec gaieté la moitié de leurs richesses. Comme des insultes, lui tintaient aux oreilles les « Donne-moi » dont l'aborderaient les étourdies ignorantes qu'il n'eut pas part au butin.

Farouche, il avait donc vu arriver et repartir les guerriers triomphants, dont les cris qui excitent le troupeau et s'entendent longtemps par delà les dunes disaient l'exaltante vanité. Ces cris avaient résonné dans son souvenir y trouvant un étrange écho. Il croyait parfois les entendre dans les vallées voisines quand il venait de renverser un adax et il restait un instant immobile, l'oreille tendue, le couteau en l'air, décevant les chiens étonnés. Cette obsession peu à peu l'avait rendu disponible pour tous les départs. Le départ qui effraye les âmes moyennes, peut être la fuite ou la recherche de soi suivant qu'il est dicté par la fatigue ou par l'instinct de vie : Sid Ahmed était plein de forces inemployées.

Elles s'étaient exaspérées plus que de coutume en cette fin d'hiver où le had sans promesse les graminées d'un vert anémié, trahissant l'année mauvaise, ne semblaient pas devoir retenir les antilopes pendant l'été ; en cette fin d'hiver que les efforts mesurés de Sidati avaient mis à profit pour ramener aux Nçara dont il attendait de mystérieux avantages, les derniers dissidents Kedadra.

Aussi, quand Sid Ahmed chassant dans le sud d'Agueraktem trouva Chedad O. Cheik Youssef et son compagnon, n'hésita-t-il guère. Avant de parvenir au bivouac il avait pris parti. Il abandonnait Lalia, ses chiens, toute la vie que coupent de nous les vrais départs pour suivre la chance.

L'aventure s'était promise à lui dès qu'avec son compagnon il avait découvert la trace des deux hommes. Deux hommes à pied au Nord du Djouf c'est déjà l'aventure. Aventure sous sa forme austère car les traces dénoncaient l'extrême fatigue des égarés ; ils se trainaient plus qu'ils ne marchaient ; des brins de graminées vertes mâchés où la tige arrachée est blanchâtre et un peu humide, puis jetés avec déception, disaient leur soif extrême. Sid Ahmed s'était hâté lorsqu'il avait noté, à leurs fréquentes haltes, que les inconnus allaient mourir. Quand, avec son compagnon, il les aborda, les deux voyageurs ne montrèrent aucune frayeur et les chasseurs se comprirent d'un regard. Il est un moment où l'ennemi même apporte un dernier et déplorable espoir. Bien que marchant encore, cramponné aux derniers débris de son énergie animale, déjà l'un deux ne parlait plus.

Sid Ahmed avait tout de suite pressenti sa chance mais il ne connut son bonheur que plus tard lorsque l'un de ses obligés se nomma. C'était le fils de Cheik Youssef le riche propriétaire des Ahel Brahim O. Daoud.

Au bivouac après avoir bu, mangé, reprenant leurs forces plus vite que n'aurait permis de le croire leur étonnante maigreur, les deux Regueibat avaient raconté leur odyssée. Histoire banale. Un rezzou commandé par Bani O. Kounti parti pour l'Azouad au milieu de l'hiver, avait pillé au Nord de Tombouctou. Imprudemment attardé au partage des prises il avait été rejoint par des forces nçara. Attaqué, il s'était dispersé ayant subi des pertes. Le groupe où se trouvait Chedad O. Cheik Youssef avait été repris en chasse près d'Araouan par une patrouille Berabich. D'un bref combat n'avaient échappé que les deux hommes qui sentaient tout le prix de ce bonheur en mâchant au bivouac la viande sèche des chasseurs Khedadra. Ils s'étaient enfuis avec une seule monture, morte de fatigue près d'el Kseib. Chargés d'un morceau de sa viande ils avaient atteint ce point, puis en étaient repartis, trop vite, encore trop las. Ils espéraient atteindre le Hank, mais la soif les avait pris, ils avaient mâché de l'herbe, des scarabés ; ils allaient mourir. Et maintenant ils buvaient l'eau des grandes outres, et, salée elle leur semblait pourtant la plus savoureuse qu'ils eussent jamais pu boire.

Il n'est pas d'imprudence qui inquiète la jeunesse, pas de leçon qui lui profite, pas d'impatience qu'elle raisonne. Il y a aussi cette étonnante illusion qui nous fait attribuer à notre puissance ce qui est seulement notre bonheur.

Quand ils se furent rétablis, après deux ou

trois jours passés au bivouac, les deux rescapés prétendirent se remettre en route pour le Hank. Ils demandaient seulement quelques mesures d'eau, un ballot de viande sèche, cinq cartouches. Ils ne voulaient à aucun prix descendre sur el Merayer, vers le campement des chasseurs, distant de six jours de marche, mais qui, surtout, représentait pour eux l'inconnu. Ils avaient songé aussi à tuer leurs sauveteurs pour s'emparer de leurs bêtes, mais Sid Ahmed était armé, eux n'avaient plus qu'une cartouche, et d'ailleurs ayant appris que leurs hôtes n'étaient pas Nemadi, que l'un d'eux même était Hammoni, ils avaient perdu cette assurance qui sert puissamment les guerriers contre les castes inférieures.

Au hardi projet des deux razzieurs le compagnon de Sid Ahmed avait haussé les épaules, sans rien y opposer d'ailleurs, se moquant pas mal de ce que deux Reggueibat de plus ou de moins retrouvent ou non l'accueil des tentes coniques brunes ou noires, mais il avait cru rêver quand l'Oulad Hammoni lui avait déclaré : « Je les accompagne, je te donne les chiens, je prends l'un des chameaux, tu diras à Lalia qu'elle peut retourner en Adrar ». Il avait essayé de lutter ; Sid Ahmed lui avait simplement proposé de se joindre à eux ; alors il avait repris seul le chemin du retour.

Les trois hommes manquèrent Aguerakten et n'ayant trouvé d'eau avant Tamsaggout les deux Reggueibat surent qu'ils avaient dû par deux fois la vie à l'Oulad Hammoni.

Non, chez les Ahel Brahim O. Daoud, Sid Ahmed n'était pas arrivé en parasite et les cadeaux de Cheik Youssef lui étaient dûs.

Couché sur le dos dans la tente du riche Llgouassem, Sid Ahmed songeait à son avenir. Un hasard parfois éveille l'ambition; pour le chasseur qui ne s'était jamais interrogé elle naissait d'une soudaine conscience de ses valeurs née des louanges, conscience claire et non plus cette obscure notion, affirmée par son départ, qu'avec son fusil il pouvait aborder le Monde. Désormais il sentait devoir dépasser l'instinct, réfléchir.

Cheik Youssef lui avait fait cadeau d'une monture, d'un vêtement, d'un poignard, capital splendide et suffisant car il est tout ce qu'avec une outre goudronnée peut souhaiter un homme qui n'a pas encore sa Tente, or Sid Ahmed avait oublié Lalia ment Mdehen, la stérile.

L' « attila » est le pillard qu'un capitaliste équipe et dont il partage les prises sans partager les risques. Sid Ahmed O. Mechdoufi, monté, armé, n'avait cependant pas les fonds nécessaires à un équipement complet, il lui fallait trouver près de deux cents cartouches, deux outres parfaites et une pleine peau de cette farine d'orge grillé, mêlée de débris de viande sèche qu'on mouille d'eau bouillante pour faire le met préféré des razzieurs ; une troupe qui part s'équipe ; au retour on compte sur Dieu. Sid Ahmed se joindrait comme « attila » au rezzou dont on parlait, il ne voulait pas jouer sa fortune en une seule affaire. Pendant l'expédition son propre chameau, laissé au vert, prendrait de la bosse et serait prêt pour une opération nouvelle. Au reste il entrait une certaine modestie dans ce calcul : Sid Ahmed pour sa première affaire ne voulait pas être de cette aristocratie de la razzia qui pille pour son compte.

Les projets, qui se précisaient de campements en campements, ne tardèrent pas à prendre corps; Sid Ahmed fut naturellement « attila » de Cheik Youssef.

Il y avait compté, mais souvent la réalité étonne malgré nos rêves.

Il crut à une faveur et en conçut une sourde reconnaissance. Pourtant, devenu sage par beaucoup de folies, rendu avare par de grandes richesses, le vieux Reggueibi ne l'eut pas choisi sans raison.

Après de nombreuses années aventureuses, après des rezzou si heureux que sa présence était devenue une assurance de bonheur pour les expéditions auxquelles il prenait part, « Loueichfat », devenu vieux, avait goûté calmement l'Honorabilité qui, née de la fortune, en est un des fruits désirables. Partagé entre le souvenir ému de son passé et les prudences de sa sagesse tardive, il voyait avec une émotion attendrie ses fils, exaltés par les récits de razzieurs fameux ou par les siens même, se joindre à un rezzou après avoir volé à un père indulgent la monture qu'il leur refusait. Mais sa tendresse paternelle se développait avec l'âge ; la satisfaction de reconnaître chez ses fils la générosité de son sang, même appuyée par sa double cupidité de joueur et d'avare, ne réussissait plus à lui faire approuver secrètement leur départ. Cheik Youssef préférait tenter sa chance avec des étrangers qui ne lui coûtaient pas plus cher que des fils prodigues et lui laissaient l'âme en repos. Pour ses « protégés » d'ailleurs il n'était pas sans bienveillance, retrouvant dans leur ardeur les passions de sa jeunesse, il leur vouait une tendresse réelle dont profitaient ses souvenirs et sa réputation.

Chedad, cette fois-ci, était revenu les mains vides, mais le lustre qu'il rapportait de son équipée suffisait à nourrir sa vanité de jeune homme. Le vieillard assis sur sa peau de mouton aimait à le voir parader auprès des tentes ; non, il ne songeait pas à repartir. Et le vieux forban pensait qu'il avait plus à gagner avec le « mechdoufi » qu'avec aucun autre. Accueillant noblement, comme l'un des siens, le sauveur de son fils, offrant à l'étranger la protection de sa tente, il s'acquittait et se libérait de sa dette ; s'attachant un « attila » sans famille, il échappait au devoir d'assister pendant son absence une clientèle imposée qu'un malheur rend parfois définitive et encombrante. Et qui sait... ? ce « mechdoufi » semblait plein de dons, peut-être réussirait-il... Alors « Loueichfat » aimait à imaginer le bonheur d'avoir patronné à ses débuts un homme que l'avenir consacrerait peut-être tandis que sa réussite ajouterait à ce succès, flatteur mais gratuit, celui plus tangible de partager le butin d'un pillard heureux.

Cheik Youssef était rustre et fin ; il ne réussissait pas encore à marcher avec l'onction opulente qu'il souhaitait, mais dans les groupes éloquents il tenait d'un sourire mystérieux une supériorité indéfinissable et certaine ; paysan on l'eut dit retord. S'il avait examiné Sid Ahmed en connaisseur, peut-être reconnut-il aussi dans le récit de la facilité avec laquelle le chasseur avait abandonné ses chiens le signe de ce détachement, de ce besoin presque nerveux d'indépendance, qui force certains êtres à s'arracher de tous biens comme de liens trop lourds, à se dépouiller périodiquement de toutes richesses, soudain pesantes à leur sauvagerie, comme ses voiles à une femme folle. Si le vieux ne se trompait pas, Sid Ahmed resterait longtemps disponible satisfait par son illusion de liberté, et le bénéfice qu'on attendait ne ferait que s'en accroître.

Ces calculs sont rares chez les grands nomades et c'est peut-être leur rareté qui explique le petit nombre et l'importance des fortunes entre lesquelles se partage toute la richesse d'un douar.

« Attila » de Cheik Youssef, Sid Ahmed s'étendit sous sa tente avec plus d'indépendance; il put boire en toute conscience son lait aigre et porter des premiers la main au plat de bois où la captive apportait le couscous d'orge les jours de généreuse pitance. Il parlait aux fils, d'instinct, comme à ses égaux, mais jamais il n'attira vers lui, pour faire le thé avec importance, sous le regard des hôtes, le plateau de cuivre où tintinnabulaient les verres ; et de cela Youssef se félicitait, comprenant qu'à la fierté de sa recrue manquait pour faire une lucrative carrière la graine de suffisance qui en fait un sentiment utile.

Sid Ahmed serait un guide et un poète, métiers honorables qui vous laissent gueux.

Les femmes s'étaient beaucoup inquiétées de l'arrivée des commerçants Tekna; leurs larges yeux noirs s'étaient perchés comme de brillants oiseaux le long des tentes derrière lesquelles se dissimulaient leurs théoriques pudeurs, et, sous les ondes de leur avide curiosité, les gens du Noun avaient barraqué des chameaux chargés de sucre, de thé, d'étoffes et d'armes.

Depuis toujours, depuis bien avant Sindebad, les commerçants arabes sont de nobles voyageurs; on les accueille dans les tentes pour leur entendre conter les péripéties de leurs routes parfois aventureuses et pour qu'ils y déploient leurs richesses dont le spectacle est un savoureux entracte dans l'inconscient ennui quotidien.

Cheik Youssef avait fait monter une guitoune de toile blanche pour deux des principaux arrivants. On s'était réuni autour d'eux dont les vêtements lavés, les crânes tondus, tranchaient parmi les sombres cotonnades indigo, les noires chevelures des Maures. Sans hâte ils disaient leur long voyage, citaient les grands lefs (1) hostiles, insistaient sur le nombre des tributs exigés, rapportaient les nouvelles du Maroc du Bas Drâa, parlaient du Sultan du Djebel. Les infidèles avaient occupé Agadir, Merebbi Rebbo

(1) Groupements de la Société Berbère.

se trouvait à Goulimine. Et, comme être commerçant c'est être diplomate, les Tekna feignaient de tenir pour Khalifa ce frère du vaincu de Marrakech dont les Maures affectent de respecter le Sultanat dérisoire à la fois par mépris de la dynastie chérifienne, par fidélité à une page de leur histoire et par respect d'une autorité sans exigence.*

Plus tard les Tekna déballèrent leurs richesses que des nègres, enlevés dans les plaines du Sous et qu'ils vendaient comme esclaves, apportèrent devant les tentes: tapis et poignards troqués contre la poudre dans le Djebel qui combat, armes débarquées, par un matin brumeux, d'une felouque mystérieuse dans le grondement du ressac que jette au rivage la barre d'Ifni ou d'Agadir; pains de sucre, cotonnades de Mogador, la ville des Juifs et des filles lascives, ceinte de murs épais qui bravent la mer. Souvenirs de Tekna aux crânes ronds. Les Maures savaient seulement qu'il est des pains de sucre limés à leur base par des commerçants avides, qu'il est des poignards dont la lame est mal trempée, qu'il est des fusils dont le ressort est faible, et ils soufflaient sur le thé une haleine chaude pour en réveiller le parfum, ils flairaient l'acier des lames, ils épaulaient longuement les carabines, bras immobiles et l'œil cligné.

Cheik Youssef vérifia lui-même les capsules et les cartouches qu'il marchandait pour son homme; il lui en montrait les qualités diverses. très averti des types, discutant les sertissages avec des néologismes pittoresques et imagés que peu savaient comprendre. Les Tekna étaient pleins de patience. Sachant que le Yetti était vert, les troupeaux en état, ils songeaient qu'ils ramèneraient sur l'Oued Noun des chameaux gras et lourds.

La venue des Tekna décida de l'opération projetée. Chaque jour on voyait arriver chez les Ahel Brahim O. Daoud quelque chevalier errant, riche de ses guerbas, de ses armes et de sa monture. Il venait dans l'espoir d'une campagne fructueuse, se confier à l'étoile d'Hamdi O. Hassen. Le cousin de l'Habib O. Billa était un cadet brillant, inquiétant et heureux; sa «baraka» (1) était évidente et cette étoile sans éclipse lui valait la confiance des quêteurs d'aventures en même temps que la condescendance de l'aîné. L'Habib se faisait pacifique, s'étant enrichi, mais il savait, pour son prestige, ne pas désavouer tout à fait des expéditions qui intéressaient les avides, tentaient les ambitieux, exaltaient les jeunes. Sa sagesse se bornait à diriger l'ardeur de

(1) Protection divine, une « étoile » d'un caractère mystérieux et sacré.

son cousin vers des proies lointaines, vers les tribus asservies à la steppe, étonnées du vrai désert et dont les réactions étaient de ce fait peu à craindre. Il savait tirer argument de leur soumission aux Nçara dont l'autorité avait dominé Tombouctou et l'Azaouad, Oualata et le Hodh. Il rappelait à son cousin les vertus de la guerre sainte, et comme l'autre, aventurier à l'imagination vaillante était pieux, il l'avait amené peu à peu à respecter l'Ouest. S'étant spécialisé dans les actions lointaines, Hamdi O. Hassen avait précisé une technique saharienne qu'il avait pensé bientôt plus passionnante que la diplomatie politique nécessaire aux coups de main dans le pays maure lui-même. A son école, Sid Ahmed trouverait l'emploi de son expérience de chasseur, de ses qualités de guide; il ne devait pas y apprendre la connaissance des hommes.

Un beau jour le rezzou s'envola.

Il avait reçu par délégation la coûteuse bénédiction d'un Ma-el-Aïnin * astucieux et prudent; il avait enlevé aux Tekna bonne partie de leurs marchandises; il avait négocié le concours de deux guides berabich aux souvenirs récents; il commençait même à lasser les hôtes malgré leur espoir de se constituer, par leur amabilité, une créance sur le butin à valoir.

Un matin le campement s'éveilla donc dans l'assourdissante cacophonie de grognements hargneux. Les épouses, les sœurs apportaient auprès des mehara agenouillés les selles, les outres, les cartouchières et les armes. Devant chaque tente un guerrier pérorait tandis que les adolescents complaisants harnachaient avec envie les montures puissantes et grasses de leurs aînés. Le soleil jaillit à l'horizon. Alors Hamdi en selle sur un méhari superbe, dominant les tentes, cria: «Amerou!» (1); les mehara se relevèrent, enlevant d'un coup de rein les hommes aux vêtements amples qui s'éployèrent et, excités d'être si nombreux, percevant l'appel de la route, ils allongèrent souplement leurs jambes longues et leur trot en un instant rassembla dans un désordre pittoresque et bruyant la troupe aux gestes d'ailes. Les femmes poussaient leurs youyous les plus allègres, les enfants un moment coururent dans le sillage de poussière, puis, au loin, le rezzou ne fut plus que le souvenir d'un grand moment, évanoui dans l'éclatante gloire d'un soleil splendide.

Cinq semaines plus tard, dans l'Est du Djouf aux horizons uniformes, une troupe va; les hom-

(1) Mot intraduisible, d'une racine qui veut dire « charger une arme », et que le Français ne pourrait remplacer que par l'énergique « Allons-y ».

mes ont serré sur leurs reins les lambeaux de vêtements, déteints et sales, mais qui, de loin, se confondent avec le sable, l'horizon, la dure lumière de midi, dans le mirage; les chameaux amincis cheminent lentement, en silence, avec une résignation rigoureuse et calme; tous sont patients aux longues heures de marche monotone.

Sur quelque douar innocent plane le destin.

Un fatalisme s'était emparé de la troupe, fait de fatigue et de bien-être, de la détente qui amollit les caractères après que s'est évanoui l'effroi d'un immense danger. Sid Ahmed songeant que tout cela finirait mal, regretta peut-être un moment de n'être pas libre cette fois comme il l'avait été dans des expéditions précédentes; il aurait défendu sa chance seul. Son instinct de chasseur puissant, qui le faisait jadis s'isoler pour la poursuite des adax, lui revenait par moment. Mais, ayant accepté de toucher deux parts, il avait accepté la responsabilité du guide et son point d'honneur. De ce même fait il avait aussi le droit de diriger la marche, mais il savait qu'il ne sert plus à rien de pousser une monture fourbue.

Le rezzou chevauchait avec une mortelle indifférence, excité un instant à la vue de tentes nouvelles, puis retombant dans cette incohérence qui n'était qu'apathie déguisée.

Dans la haute paille il poussait un troupeau hétéroclite de bêtes trop chargées de butin, de captifs dont on laissait les plus adroits s'enfuir, de moutons parfois dont on tuait quelques-uns avant d'abandonner les autres couchés dans les graines piquantes des graminées soudanaises, incapables de se relever; et tout cela laissait dans la steppe un large sillage. Parfois Sid Ahmed soucieux, profitant du vent contraire, mettait le feu à la brousse pour effacer cette trace énorme.

Troupe désunie, ils allaient à travers les gommiers dont les épines déchiraient leurs vêtements, étonnés de cette végétation pressée, des baobabs gigantesques qui semblaient offrir leurs fruits au bout d'une ficelle comme des objets à tenter les passants.

Les campements étaient si nombreux, si effrayés, si lâches, que les razzieurs ne les manœuvraient même plus. Ils entraient au milieu des tentes d'où les femmes s'enfuyaient en trébuchant; prenaient les écuelles pleines de lait et les jetaient après avoir bu; emportaient les outres de beurre; parfois blessaient un homme d'un coup de poignard; puis repartaient sans s'attarder plus qu'il ne fallait pour piller un sac de cuir, revêtir un boubou neuf, chasser devant soi les captifs apeurés; car malgré tout l'on ne s'arrêtait pas, et depuis des jours et des nuits la fatigue d'être sans sommeil s'accumulait annihilant tout ressort.

Et puis, l'abondance anéantit les hommes. Sid Ahmed, lui, rageur, refusait de boire quand on lui passait une écuelle, il refusait de descendre de son méhari et il pressait de remonter en selle, de repartir, ceux qui s'attardaient au pillage. Il songeait que toutes ces bêtes du Sud ne valaient pas les vaillantes montures sahariennes et s'inquiétait de voir faiblir celles qu'on poussait encore, à nu, boitillant sur les sandales de cuir qu'il avait fallu coudre à leurs pieds usés par la trop longue route et par le terrain inhabituel de cette steppe boisée.

Sid Ahmed avait désormais trop d'expérience pour ne pas craindre et trop de force pour négliger. Il se savait poursuivi. Il devinait les Mechdoufs alertés et les Mhaimid, leurs princes, déjà en chasse. Marchant silencieusement en tête avec Mohamed l'Abd O. Dellal, il se taisait pour ne pas trouver dans le chef improvisé l'écho de ses plaintes.

Ils avaient trop préjugé de l'homme.

Belle carrière pourtant que celle de ce rezzou! Et Sid Ahmed trouvait assez de ressort dans sa vigueur pour imaginer un retour, sur lequel sa sagesse ne comptait plus. Il raconterait l'adresse du stratagème qui avait séparé les forces des Nçara à Dayet-en-Nahrat*, la belle fusillade autour du carré cerné; le pillage de tant de cartouches et d'objet étranges d'un usage incertain; il vanterait la satisfaction de voir mort un Naçrani; il décrirait le grand corps blanc où les plus jeunes avaient essayé leurs poignards. Il n'hésiterait pas plus à dire l'erreur de s'être attardé au bord du grand marécage où était le village de culture plein d'esclaves du chef touareg, ses champs de pastèques; mais peut-être tairait-il l'horreur d'être surpris par les mitrailleuses crépitantes... Les Nçara étaient venus de Tombouctou alors qu'on les croyait terrés, ils avaient déployé leurs nègres et décimé le rezzou, pris Khalifa O. Mhemed, blessé Hama, et tant d'autres. On avait fui, et c'était encore une fuite que cette chevauchée désordonnée du groupe qu'ils avaient pu rallier, Mohamed l'Abd et lui. Une fuite, car s'ils eussent été les maîtres se fussent-ils enfoncés toujours plus profondément dans la steppe inconnue ?... Mais « eux » n'avaient pas eu la force de résister à l'attrait de l'abondance, « eux » avaient craint de se jeter dans le Hodh malgré les méharistes qui paissaient autour de Oualata, « eux » avaient appréhendé le Djouf sans eau où la lutte eut été âpre, mais du moins familière à tous. Les lâches! Et l'on fuyait en sens inverse, le long du pays des bambaras aux visages coupés de cicatrices, parmi ces Mechdoufs trop nombreux, tributaires aux cheveux crépus, à la peau trop sombre, habitués à leurs herbes, à leurs épines, à leur pays où l'on ne voit rien, où les traces sont confuses, les horizons bouchés.

Il fallut pourtant s'arrêter, certaine après-midi : il devenait impossible de ne pas dormir au moins une heure.

Sous un arbre Sid Ahmed pansa Mohamed O. Bardi, le frère d'Ismaïl, dont une balle avait traversé le tibia; il le soignait avec de la poudre noire écrasée sous une pierre. Les captifs, dont le troupeau tremblait de fatigue et de peur, tombaient insoucieux d'éviter les coups toujours possibles; les chameaux s'étaient arrêtés d'eux-mêmes et mis à paître avidement; les cris aigus dont on les pousse avaient cessé, l'on n'entendait plus que quelques voix gutturales, le bêlement d'agonie de moutons que les plus énergiques des pillards faisaient égorger par des esclaves à demi-morts d'effroi.

La soif peut être terrible, le manque de sommeil est atroce. Des hommes s'étaient écroulés la face contre terre, incapables de boire, de manger, d'assurer leur sécurité essentielle. Les plus durs seuls veillaient et sagement préféraient songer au thé qui fouette qu'à l'heure de sommeil écrasé qui hébète. Mohamed l'Abd et Sid Ahmed n'avaient certes pas, pour dormir, assez confiance dans les deux vedettes laissées sur leurs traces.

Ceux qui n'ont jamais dû renverser sur la braise une théière prête à bouillir et où le sucre a déjà disparu parmi les feuilles déroulées, comprendront mal; mais que peut comprendre de la vie des razzieurs l'homme des tentes qui se couche tous les soirs?... L'alerte fit tourbillonner les gens du Nord, s'affoler les chameaux, espérer les esclaves. Mais plus encore que dans le butin amoncelé le désordre était dans les esprits, le vertige dans les cerveaux lourds. Tout de suite les premiers coups de fusil éclatèrent et le bivouac fut vidé d'hommes; les partisans mechdoufs y débouchèrent, hypnotisés par le pillage, oubliant le combat, excusés par la capture d'O. Bardi qui, sautant à cloche pied, avait essayé en vain de se hisser sur un méhari trop lent à obéir. Entre les gommiers des détonations partaient au hasard; la troupe de poursuite, nombreuse, n'avait pas débouché entière sur le rezzou et ses ailes accrochaient des fuyards.

A quelques kilomètres O. Dellal et Sid Ahmed regroupèrent une poignée d'hommes, se portèrent aux rochers de Merediouga et attendirent Mohamed Mahmoud, le frère de l'émir Mechdouf, qu'ils avaient vu descendre de chameau et monter à cheval. Ils avaient pensé juste, les quelques éléments de la « hellé (1), assurés par leur qualité même de n'être pas oubliés au partage, avaient traversé le bivouac sans s'y arrêter et cherchaient le combat. Appuyés de quelques goumiers, reconnaissables à leurs écharpes rouges, ils eurent une velleité de manœuvre; mais la jalousie de tuer indiscutablement ne laissa pas s'achever le mouvement ébauché. Les combattants bien vite ne songèrent plus qu'à leurs succès personnels et des apostrophes brillantes s'échangèrent entre les guerriers, tandis que le Mhaimid passant au galop de son coursier blanc à la queue teinte de henné, se couchait sur sa selle pour décharger son arme avec art et s'attirait les exclamations enthousiastes des siens. Mohamed l'Abd fut tué. Ouadad O. Lajrab reçut une balle qui entra par l'omoplate et sortit au nombril, on a su plus tard qu'il fut pansé par le Naçrani qui commandait la poursuite et ne mourut que deux jours après. Sid Ahmed voyait tomber les siens et s'épuiser ses cartouches. Mais un nouveau parti, arrivant du Sud, se jeta inconsidérément au combat, tirant sur les Mhaimid qu'il prenait pour ennemis; dans la confusion, les derniers Reggueibat disparurent; l'herbe piquante, les gommiers, à leur tour les servirent.

(1) La famille princière d'un émir maure et sa clientèle immédiate.

Mohamed Mahmoud était satisfait, son cheval n'en pouvait plus, les guerriers s'inquiétaient d'exploiter leur gloire.

***

Le Tagant (1), comme son nom l'indique, n'est pas le désert. Dans ses rochers confus s'ouvrent des ravins où l'eau cachée se trahit par une végétation abondante; l'adriss noir, l'amour au tronc argenté, l'attil aux fleurs blanches, l'imijij, le tij, le tamat y constituent par endroit une brousse assez dense pour que les fauves y puissent chasser, pour que le gibier s'y cache. Sid Ahmed et ses trois compagnons y trouvèrent un refuge. N'ayant plus de monture, ils ne se pressaient pas d'atteindre la falaise du Dhar par où ils pensaient rentrer dans l'Ouarane, l'Hammoni se souvenant du fils de l'Oueichfat ne se souciait pas d'aborder à pied le Sahara ou même l'Aouker. Etant quatre, ils pouvaient espérer... s'il plaisait à Dieu. En marchant, ils faisaient parfois bruire des vols de pintades, mais plus souvent elles fuyaient devant eux sans vouloir s'enlever; un phacochère partait, la queue haute; les gazelles étaient nombreuses. A bout portant

(1) Tagant en langue berbère signifie forêt.

ils avaient tué une antilope moôr dont ils avaient fait provision de viande, n'ayant plus de cartouches à perdre. Ils dormaient maintenant avec l'assurance que leurs traces individuelles, confondues dans la paille avec celles du gibier, ne les trahiraient pas. Aïoun-el-Atrous d'ailleurs était peu fréquenté par les campements du Tagant ou de l'Assaba. Pas assez, car les Reggueibat cherchaient l'occasion d'un pillage. Mais avec soin ils s'écartaient des lieux où de récentes traces de moutons dénonçaient les hommes, inquiets même quand leur direction unique trahissait la proximité d'un campement inutile. Il leur fallait un butin de chameaux et ils s'avanceraient jusqu'aux tentes, s'il était nécessaire, pour enlever des montures. L'occasion s'en présenta au bord même de l'Afollié, et c'est en poussant à grands cris une trentaine de chamelles qu'ils se lancèrent dans l'Aouker. Le sable retrouvé, la satisfaction de se sentir bien en selle, l'excitation d'aboyer derrière les bêtes un peu lourdes, leur firent oublier qu'ils restaient quatre d'un rezzou de 250 carabines, essaimé, dispersé, au long de plus de 1.000 kilomètres de combats, d'escarmouches, de fuites et de reprises, de pillages et d'alertes. Les morts se taisent et les vivants oublient.

Les quatre hommes riaient, rappelaient leurs faits d'armes et leurs folies, ardents, heureux, cyniques et forts. Ils emportaient, dans le désert retrouvé, le souvenir romanesque d'un pays plus riche, plus abondant, plus habité qu'ils n'eussent jamais imaginé que pays pût être. Sid Ahmed chantait une fille du Tagant dont il avait eu du plaisir, qui l'avait insulté et qui l'avait mordu.

Ils étaient encore à trente étapes des campements Llgouassem.

L'enchantement dès le second jour de marche se réduisit à une joie sourde qui ne se traduisait que par des jubilations espacées, le troisième à une satisfaction purement animale; le jour suivant l'inquiétude s'insinua parce qu'ils approchaient de la route du sel qui suit la falaise du Tagant et du Hodh et que surveillent les méharistes des infidèles signalés près de Ganeb. Les nuits presque tièdes du Tagant avaient cédé dans l'Aouker à l'influence du sable, et chaque jour qui acheminait vers le Nord apportait des nuits plus froides, déjà elles rendaient le sommeil difficile, l'insomnie ordinaire.

Sid Ahmed connaissait Tichit; il y était venu de l'Idjafoun au temps où il était chasseur d'adax pour y vendre ses ballots de viande sèche parce qu'on y fabrique la poudre dont les Kedadra avaient besoin pour recharger les étuis de cuivre de leurs armes de guerre. Il se souvenait de la falaise où les vieilles captives lavent les pierres pour en entraîner le salpêtre; il revoyait leur sabbat de sorcières autour des feux où s'évapore leur lessive tandis qu'elles écrasent sur des pierres plates le soufre et le charbon. Il essayait de développer son souvenir raccroché à ces détails pour se représenter les lignes du terrain, la topographie générale des lieux. Il voulait aborder le Dhar à l'Est d'Aratan qu'on lui avait indiqué jadis, espérant trouver vers le Mouelichie quelques-uns des Nemadi qui restent fidèles à ce berceau présumé de leur origine incertaine. Par eux, rencontrés au Sud d'El-Merayer au hasard de la migration des adax, il avait su que le Dhar-Oualata s'effondre dans la région de Tibotchine avant de s'effacer vers Lesbah et que dans la confusion de ses ruines se trouvent divers points d'eau. Il avait bu au cours d'une expédition précédente dans l'Est du Hodh et rapprochait ces divers souvenirs comme les fragments d'un objet brisé pour interroger leur parenté mystérieuse et en tirer une notion claire, une ligne, celle qu'il fallait suivre pour atteindre le salut. Un guide n'est pas seulement un homme à la mémoire fidèle, c'est une imagination qui conçoit dans l'espace les combinaisons de la géométrie du sol, des grandes lignes du terrain, c'est au service d'une parfaite connaissance de la nature saharienne, une intelligence qui déduit, c'est, par-dessus tout, un être qui sait marcher en ligne droite; un guide n'est pas seulement un homme qui peut atteindre tel point connu, mais un animal plein de ressources, que rien n'étonne et auquel tout indice est précieux, un animal toujours en quête. Sid Ahmed scrutait l'horizon pour y découvrir la ligne bleue d'une falaise dont il pouvait citer les noms et qu'il n'avait jamais vue.

Au soir du quatrième jour il l'aperçut, un peu avant le coucher du soleil, filiforme, à peine discernable.

Le lendemain elle s'éleva un peu, brisée net sur la gauche, et Sid Ahmed identifia la pointe de Khanoufa; il appuya légèrement à l'Ouest pour rétablir sa direction; l'air était clair, les animaux trouvaient à paître. Sid Ahmed comptait sur la piste des caravanes de sel pour le conduire à l'eau. Ses compagnons s'inquiétaient un peu, bien qu'ils sussent l'importance des « azalaï » qui portent au Soudan les barres de sel d'Idjil et que leur passage avait nécessairement marqué le sol du faisceau indélébile de ces minces sentiers qui sont les routes sahariennes. Mais ils voulaient supposer le pire:

— « La piste peut être effacée... »

Sid Ahmed haussait les épaules puis, condescendant, répondait par un proverbe: « Il y a trois choses qui durent mille ans: l'acacia, la crotte de chameau et les sentiers. » Ce sont bien là en effet les plus durables repères, les plus immuables témoins.

Quand ils distinguèrent les détails des rochers, Sid Ahmed devança ses compagnons; il voulait reconnaître, avant que sa troupe sortît de l'Aouker aux dunes protectrices, le reg nu que le régime des vents devait avoir ménagé au pied du Dhar; il savait semblables toutes ces falaises qu'il avait rencontrées sur l'oued Drâa, au Touat, en Adrar, dans le Hodh et jusque dans le bassin de la Haute Seguia. Le reg était là, mais piqué d'acacias, car l'erg venait y mourir en traînées claires de sable strié par le vent. Quand déjà l'écho de la falaise répondait à la voix, le sol fauve, uniformément clair au soleil de midi, se ternit de lignes mates, parallèles, qui fuyaient vers l'Est; Sid Ahmed n'eut pas un geste, il était « naturel » que la piste fût là et, sans songer à triompher comme l'eût fait un novice, il se baissa seulement pour déchiffrer les traces les plus récentes.

Dans la crique d'Enji ils ne trouvèrent pas assez d'eau pour faire boire leurs bêtes, mais un Nemeday du Mouelichie, qui dormait dans les pierres, vint à eux avec cette indifférence absolue de ceux qui n'ont rien à gagner ni à perdre. Sid Ahmed retrouva pour lui parler l'accent dont jadis se moquait Lalia et lui demanda des nouvelles de la chasse avec une compétence technique qui étonna l'autre; puis il se fit connaître comme ayant longtemps couru les antilopes dans le Mreia. Alors l'homme siffla ses chiens demeurés en arrière, posa sa lance et, ayant demandé du lait, retira d'une cachette voisine un ballot de viande et un demi-moud (1) de graisse, puis il conduisit à El-Glat ses hôtes inattendus.

L'eau s'y rencontre sur le plateau dans d'énormes marmites de fées.

Le soir ils s'accroupirent ensemble autour du feu, réchauffés surtout par l'abondance de la viande sèche qu'ils enduisaient de graisse figée, blanche et dure; ils la tiraient, avec les ongles, d'un récipient de peau parcheminée qu'on ne pouvait mettre à chauffer sans craindre de le raccornir; et ils s'essuyaient les doigts dans leur chevelure, non sans coquetterie, profondément sensibles à cette passagère aisance. Le Nemeday, par le menu, décrivait à Sid Ahmed la route d'El-Merayer et lui, attentif, fixait dans sa mémoire le détail de la végétation, du sol, l'angle sous lequel il fallait aborder ou abandonner telle masse de dunes remarquable, telle sebkha. Ses compagnons eussent voulu emmener le chasseur comme guide et comme otage, mais Sid Ahmed savait que l'homme s'enfuirait quoi qu'ils fissent et peut-être après les avoir trompés. Il n'était

(1) Mesure arabe.

plus inquiet, d'ailleurs. Il sentait proche un terrain familier et se récitait sans erreur les renseignements qu'il fallait se rappeler pour l'atteindre: le sable rouge, puis le sable blanc, l'aklé, puis la bande de plaine où les graminées poussent en abondance, le vallonnement où il y a des silex, l'espace stérile où l'on trouve des racines de jil et à peine de bois pour le feu, le couloir enfin dont le sol entier est fait de « pierres à fusil », et de là il était sûr de se reconnaître, étant venu autrefois y ramasser de ces petites billes naturelles qui servent de chevrotines. C'étaient six étapes pour arriver au puits où s'était écoulée une partie de sa jeunesse.

Le lendemain ils se séparèrent.

Le chasseur avait été trop confiant, il avait trahi sans y prendre garde l'une de ses cachettes; en partant, les rescapés lui volèrent ses grandes outres qu'ils remplirent à Chebbi.

Le Nemeday avait pris la route du Sud pour aller prévenir les Nçara et gagner la prime.

⁂

Sid Ahmed s'était souvenu exactement, le Nemeday n'avait pas menti; mais l'aklé dont il avait parlé était l'Aouana qu'il faut savoir couper à de certains passages. Quand la petite troupe s'engagea avec ses prises dans ce chaos de dunes sans l'ombre de végétation, basses mais uniformes et meubles à l'extrême, les quatre hommes crurent n'avoir à franchir qu'un étroit obstacle; l'aklé très dure est rarement étendue. Au reste, ils savaient la région trop peu parcourue pour qu'on pût y découvrir les passages que dans les erg fréquentés le crottin mêlé au sable indique aux yeux avertis. Bravement, ils abordèrent l'obstacle hypocrite. Leurs pas raccourcis attaquèrent le sol inconsistant avec une décision calme, opiniâtre, comme une promesse d'énergie humble mais invincible.

Les quatre hommes, insensibles à la fatigue, allaient à pied, poussant à grands cris le troupeau étonné qui hésitait à poursuivre dans ce décor irréel sa marche habituellement placide et indifférente. Parfois entre le tranchant abrupt des dunes de droite et le dôme qu'offraient à main gauche celles de l'ouest du côté opposé à leur face croulante, une chamelle trottait quelques pas, puis, venant buter dans l'inconsistance d'une ondulation nouvelle, s'arrêtait net, et le troupeau, entraîné par son mouvement, venait se comprimer contre l'obstacle, étonné, irrité, inquiet, les longs cous levés, les membres mêlés; et soudain un animal, la patte prise à faux dans l'enchevêtrement des corps, grognait sauvagement et cherchait à mordre. D'autres fois les bêtes, avançant pas à pas, tiraient par efforts successifs, tour à tour, leurs pattes enlisées dans le sable, pour les y enfoncer de nouveau avec une sorte de regret de ce travail inefficace et vain; elles s'arrêtaient, hésitant à le poursuivre, et les chamelons, que l'impatience de leur âge semblait armer d'une énergie furieuse, lorsqu'ils s'arrêtaient ne repartaient plus. La journée entière se passa en ce démoralisant effort et l'inquiétude touchait peu à peu les hommes; l'inquiétude des bêtes leur est contagieuse. Monter sur les dunes les plus hautes était une tentation constante, et parfois l'un des compagnons de Sid Ahmed y cédait; mais la hauteur était dérisoire; de loin l'éminence semblait de quelque valeur, escaladée elle n'était plus qu'une vague pareille au million de celles parmi lesquelles l'ascension l'avait rabaissée; et l'impatient observateur ne voyait rien que les ondulations monotones du sable où s'attardait déjà une pénombre hachée par les tranches lumineuses des pentes orientées vers le soleil couchant.

La nuit il fallut s'arrêter et agenouiller les chameaux à jeûn; depuis le matin aucune touffe d'herbe n'avait souillé la parfaite stérilité des dunes impeccables.

A l'aube, ni les ombres inversées ni la délicatesse de la teinte mauve attardée aux faces croulantes des courtes croupes de sable lumineux, ne réussirent à vaincre l'impression d'accablante monotonie; le ciel lui-même était uniformément dégradé de l'orient poudré d'or à l'occident indigo. Les pillards transis réagirent; à coups de pieds ils firent lever les bêtes qui tremblaient de froid.

Vers midi quelques flocons nuageux parurent courant très haut dans un vent invisible; par endroits l'aklé se ternissait de leurs ombres fugitives, qui, lorsqu'elles touchaient les hommes, leur volaient la douce chaleur du soleil et les faisaient frissonner. Par bonheur, l'air au sol restait calme. Sid Ahmed scrutait le Nord. La fatigue envahissait jusqu'au cerveau. L'homme depuis un instant fixait son attention sur une ombre parmi les ombres qui passaient sur les dunes; elle lui semblait étrange, et il s'étonnait qu'elle reparût à la même place avec exactitude, comme si le hasard faisait se succéder au même point du ciel des flocons successifs de nuages vagabonds. Sid Ahmed se laissa dévier vers cet insignifiant repère, invinciblement attiré. Il commençait lui-même à souffrir obscurément de l'angoisse qui pesait sur ses compagnons; il ne discutait pas si son mouvement était faiblesse ou instinct: condition nécessaire à l'exploitation de ce qui reste dans l'homme des ressources mystérieuses de l'animal.

— C'est quelque chose, dit l'un des hommes.

— Nuage.

— Ce n'est rien.

Et Sid Ahmed qui se taisait pensa soudain: « Mirage ».

Ce n'était pas le mirage habituel qui ne trompe personne, qui, sur les grands regs, semble semer des flaques étincelantes comme des nappes d'eau pure et qui élève les touffes d'herbe à la dignité d'arbres véritables. Aussi ne formula-t-il pas son idée.

Quel mirage? Mirage de quoi? Un rapprochement s'imposait à son esprit; il se rappelait les indications du Nemeday: « Après l'aklé il y a un reg noir avec une roche où nous mettons parfois la viande sèche à l'abri des chiens. » Cet « aguentour » capricieusement élevé, déformé, dématérialisé par le mirage?

Quand cette idée se précisa dans l'esprit de Sid Ahmed, le ton des cris dont il excitait les bêtes se modifia imperceptiblement, plus haut, plus aigu, plus vif, et ses compagnons tournèrent légèrement la tête vers lui, réconfortés.*

A l'heure de la troisième prière ils aperçurent la roche signalée. Au coucher du soleil ils touchèrent le reg. L'Aouana, toute proche, n'était plus qu'un souvenir.

— Si le vent nous avait pris dans l'aklé, nous n'aurions jamais revu les tentes, dit Sid Ahmed.

Les autres, sans imagination, faisaient le compte des animaux abandonnés.

Les chameaux, au pied des touffes de graminées, cherchaient de leurs lèvres subtiles les brins desséchés. Sid Ahmed, assis, en fit une corde; il l'enroulait à son pied avec philosophie.

Le campement ne tressaillit pas à la brusque fusillade, mais de toutes les tentes les femmes joyeuses, les hommes importants sortirent en hâte. Un courrier avait prévenu la veille et tous se pressèrent pour applaudir le retour des vainqueurs. Les captives, suivies des enfants, coururent se grouper autour d'un tamtam qu'elles avaient préparé pendant la nuit avec des peaux tendues qui commencèrent à résonner sous leurs doigts osseux. Les gens de peu, les artisans, empruntant des fusils, se portèrent en avant prêts à mimer grotesquement le combat et les gestes des guerriers. La fusillade suffisait à souligner l'importance du butin, à confirmer les nouvelles précisées peu à peu depuis quelques jours par ces rumeurs qui mystérieusement précèdent le récit exact des événements notables: jamais un razzi n'eut brûlé autant de cartouches « pour la joie », s'il n'eut été enrichi par un succès considérable!

Tout à coup le pli de terrain qui cachait les arrivants se couronna de méharistes aux vêtements neufs, amples et clairs. Les troupeaux l'envahirent. D'un petit trot saccadé, ils dévalèrent la pente et leur piétinement soulevait une poussière dorée où les coups de feu éclataient en courtes et subites lueurs.

Excités par le bruit, la poudre, les youyous des femmes, la plupart des razzieurs devancèrent les prises, abandonnées aux soins des captifs, pour aborder le campement au grand trot, pressant leurs montures de leurs pieds et de leurs cris, brandissant leurs fusils, ivres de vitesse et d'ardeur, vains de leur souplesse et de leur gloire.

C'est pourtant vers les trois ou quatre guerriers qui, calmes, pondérés, avec une ostentation noble gardaient le pas, l'allure longue et belle de mehara choisis qu'on retient de la rêne et presse du talon, que les bouffons du campement se dirigèrent. Ils s'avançaient accroupis, par gestes rythmés, épaulant grotesquement pour viser tantôt avec le canon, tantôt avec la crosse; ils reculaient soudain, mettaient en joue; puis, jetant un grand cri, lançaient leur fusil en l'air, pour le rattraper avec une mimique simiesque, et poursuivre, sans se départir d'un sérieux imperturbable, leur jeu, ponctué parfois d'une décharge de poudre noire qui les enveloppait de fumée dense.

Remerciant de la main, Hamdi, Sid Ahmed, avec les deux ou trois vieux razzieurs, se dirigèrent vers le groupe de l'Habib qui s'avançait sans hâte.

Arrivé à quelques pas, le détachement de méharistes fit agenouiller ses montures. A pied, les notables se portèrent au-devant les uns des autres, avec les phrases habituelles, dites sans chaleur, presque murmurées, mais longuement accompagnées dans l'intervalle d'accolades répétées, les mains dans les mains ou longuement passées sur les figures.

— Beau butin, Dieu soit loué, dit l'Habib.

— Grâce à cet homme, et Hamdi désignait Sid Ahmed.

Puis, se tournant vers ses compagnons qui séparaient les chameaux, partagés déjà depuis plusieurs jours, et poussaient chacun leur part de butin vers leur tente, il appela de la voix qui porte loin: « iaa rijaal, iaa! ». Sûr d'avoir éveillé l'attention de tous, il ajouta sur le même ton, indiquant une bête de son propre troupeau:

— Cette chamelle... cette chamelle blanche... celle-là... non, celle qui a la grosse bosse... oui... tuez-la.

Deux jeunes gens avaient atteint la bête et, tandis que l'un s'efforçait à la faire agenouiller en lui frappant le cou de son bâton, l'autre, plus agile, brusquement penché, se rejetait en arrière d'un geste vif, le poignard à la main, tandis que la chamelle, un tendon tranché, s'affalait, griffant le sable d'un effort impuissant.

La foule des humbles, à la voix d'Hamdi, s'était rapprochée; alors, avec simplicité, il montra la victime :

— Allez; grâce à Dieu, il y a aujourd'hui de la viande pour tout le monde.

Avec des cris de joie et de louanges, la pouillerie battant des mains courut à la curée.

Les plaisirs pour les hommes sont toujours les mêmes; mais, tandis que la plèbe maladroitement se les exagère, l'aristocratie feint de ne les point goûter et leur donne par là même un parfum plus rare. Les notables se gardaient d'exulter; avec componction ils gagnèrent la tente de l'Habib, parlant sans gestes des événements survenus pendant l'absence du razzi, et cette sage attitude avait encore l'avantage de leur réserver le respect de ceux dont on entendait dans tout le camp les éclats de voix, les rires ou les coups de feu; expression à peine assez bruyante de leur joie. Le respect est fils de l'étonnement.

L'affranchi de l'Habib, affairé, se hâtait sans trouver à quoi occuper son activité inquiète, car les nattes étaient déjà déroulées, la bouilloire prête et la braise abondante.

L'Habib poussa le plateau à thé vers son cousin, mais Hamdi le fit glisser jusqu'à Sid Ahmed qui, ne se défendant que par politesse, l'attira près de lui et, avec des gestes retenus, aligna soigneusement les petits verres. L'homme qui fait le thé (1) est un personnage et l'attention se fixa sur le guide, qui, avec adresse, frappait du talon d'un verre fragile le pain de sucre brisé morceau à morceau dans une serviette crasseuse. Les femmes avaient disparu derrière le rideau tendu sous le piquet du Nord, mais on les devinait, aux mouvements qu'elles imprimaient à la toile, ou à un doigt qui s'efforçait d'en agrandir quelque déchirure opportune. D'ailleurs, la bienséante réserve ostensiblement marquée, elles n'hésitèrent pas longtemps à s'en affranchir et bientôt la voix de l'épouse se mêla sans façon à la conversation des hommes.

Un jeune guerrier s'étant, comme par hasard, approché de la tente, Hamdi le pria de faire prendre dans le troupeau la jeune chamelle alezane, celle qui avait le joli port de tête, et de la donner à Messaoud; l'affranchi saurait s'occuper de la faire abattre. Puis on parla du rezzou. L'avis de Sid Ahmed avait permis de surprendre les Allouch de la façon la plus complète. Son stratagème avait écarté des campements im-

(1) Igueiam

portants la majorité des guerriers. Il n'y avait pour ainsi dire pas eu combat pour le groupe qui chassait le butin et quelques jeunes avaient cependant pu faire leurs premières armes dans le jeu du plastron offert à la précipitation maladroite de l'ennemi. Les pertes étaient insignifiantes et, grâce à Dieu, étrangères au campement. Derrière le rideau, les femmes soupiraient des « ach ! » admiratifs et flatteurs. Sid Ahmed affectait de s'intéresser uniquement à la confection du thé ou demandait à Messaoud de lui apporter encore un peu de braise; mais parfois aussi, il rectifiait avec négligence un détail dans le compte rendu minutieux des razzieurs.

Hamdi devait partir le lendemain pour visiter son beau-père; il s'excusa bientôt et chacun lui sut gré, car, épuisé le plaisir d'étonner les anciens, les vainqueurs se faisaient impatients d'autres ivresses et, tandis qu'ils se dirigeaient vers les tentes, ils souriaient des jalousies rétrospectives qu'ils allaient calmer.

*
**

« Bois, ton mari est rentré, il faut être belle. » La vieille captive pinça l'enfant à la cuisse : « Bois, ou je te casse un doigt »; puis, plus affectueusement : « Voile-toi les yeux pour ne pas voir ce qu'il en reste », et l'enfant docile, un peu écœurée, inclina de nouveau l'écuelle de bois pour achever péniblement la ration de lait qu'elle devait boire.

Elles étaient toutes deux assises sous l'abri d'oripeaux disparates, recousus avec une patience déconcertante, qui était la tente de la vieille, sa propriété; elle y thésaurisait les brimborions précieux de sa fortune, une boîte en fer blanc échouée là après d'invraisemblables exodes, une alène, une fourrure de peaux de gazelles pelée et pleine d'accrocs, un vieux sac; elle s'y trouvait chez elle, et, depuis longtemps qu'elle n'y accueillait plus les jeunes hommes, elle aimait y recevoir les visites d'Aichatou. Elle l'y emmenait boire son lait et la petite en arrivait plus facilement à bout que dans la grande tente où sa mère, vive comme sont les jeunes femmes, la claquait avec impatience quand elle prétendait n'avoir plus faim ou la frappait si elle vomissait sur les nattes.

Ayant reposé l'écuelle, l'enfant hoqueta sourdement et s'essuya la bouche du revers de sa main; puis, péniblement, elle se leva. Agée de dix ans peut-être, elle n'était encore que légèrement vêtue d'une écharpe passée sur l'épaule et qui ne cachait pas son aimable obésité. La vieille l'admira: « O, mon foie, que te voilà belle et grasse, tbark Allah (1); que je ne meure pas

(1) Béni soit Dieu.

avant d'avoir choisi un beau vêtement dans les richesses de ta dot... » De la tente conique aux bandes brunes en laine de chameau une voix claire cria: « Tais-toi, femme, as-tu besoin de la dot pour avoir un vêtement, ne t'en donne-t-on pas ici ? » L'esclave se mordit les lèvres, comprenant à la soudaine réserve de sa maîtresse que le fiancé était là; puis, à part soi, elle marmota: « Evidemment, il est là, puisque le maître est parti! », et suivie d'Aichatou, qui se grattait le nez, elle entra chez la jeune femme en se baissant.

Bien que le printemps fût arrivé depuis deux jours, les nuit étaient encore fraîches et, sous la tente, la guitoune de coton soudanais était montée entre les deux mâts y ménageant une chambre tiède et intime. La mère d'Aichatou était assise, jambes croisées, sur une natte près de la carcasse de bois travaillé qui sert de support aux sacs de cuir, aux bagages et qui, pour la route, devient, drapée de cotonnades, l'alcôve ambulante des voyageuses. Voyant entrer sa fille, Fatimatou eut un mouvement de fierté et l'attira près d'elle avec de jolies caresses. Sid Ahmed, accoudé sur un coussin bourré de crottes de chèvre, regardait placidement cette manifestation de tendresse non sans éprouver un sentiment de vanité légitime, bien susceptible d'accroître et compléter celui du bien-être qu'il goûtait inconsciemment avec une sensualité instinctive.

La femme d'Hamdi O. Hassen était belle, un peu mince peut-être, mais les femmes des Reggueibat sont agiles et alertes par nécessité; les grandes étendues des terrains de parcours obligent les hommes à des absences prolongées pendant lesquelles la vie doit continuer sans eux; l'habitude d'ailleurs crée le goût, et les Reggueibat n'apprécient l'obésité que chez les filles impubères pour ce qu'elle les rend plus vite aptes au mariage; ils méprisent même ces épouses opulentes que les Maures du Sud goûtent comme un luxe et un confort. Fatimatou était de peau très blanche, son profil accentué aiguisait un menton fin, la bouche était belle et sur les grands yeux noirs qui savaient toutes les coquetteries, les paupières battaient parfois, ombrées de longs cils; sa robe était de tissu neuf ,encore tout brillant d'apprêt, et l'indigo en avait largement déteint sur ses bras et sur son visage; elle avait soin de sa beauté et les femmes ne passaient pas une semaine sans se réunir chez elle pour les minutieuses opérations de la coiffure.

La tente était confortable et chaude, un petit nègre tout nu, récemment enlevé dans l'Azaouad, accroupi à côté d'un petit tas de braise, y soufflait pour faire chauffer la théière préparée. Les bagages étaient abondants; deux sacs de sucre occupaient le côté droit de la tente, l'outre à lait était gonflée, et, à côté du plateau de cuivre où les verres attendaient le thé, un petit bol de bois dur contenait des restes de beurre figé. Les temps étaient heureux, les pluies d'hiver avaient fait reverdir le Zemmour et le razzi venait de rapporter près de cinq têtes par guerrier. Comme l'enfant noir, en se brûlant, posait sur le plateau la théière où l'eau et le thé venaient de bouillir, Sid Ahmed se redressa voluptueusement, ramena autour de lui les pans de son double vêtement de toile, et sentit son bien-être; d'une voix profonde, il murmura: « Elhamdoulilahi! » (1).

Nemeday, Kediri, Hammoni même, il oubliait; il se sentait Reggueibi avec une sorte d'orgueil, sans s'attarder à de vaines discussions sur la noblesse de l'origine. La noblesse, c'était la réussite qui la donnait, et la réussite, avec cette assurance présomptueuse des jeunes, il croyait fermement que le courage l'apportait. Son succès de la veille l'emplissait. Non, Sid Ahmed n'était plus le chasseur aventureux et disponible, l' « attila » du gras Cheikh Youssef, il était désormais une personnalité considérable, l'un des guides les plus avertis du Zemmour, et d'aucuns lui accordaient déjà une étoile qui lui eût permis de lever à lui seul un rezzou d'une certaine importance parmi les plus superstitieux et les plus indépendants pillards des tribus.

(1) « Louange à Dieu! » Evocation courante qui marque la satisfaction, le bien-être.

Certes, il n'était pas riche, tenant de sa race — oui, tout de même plus noble — une générosité qui, rare chez les Reggueibat, n'y est pas sans prestige; mais, présomptueux là encore, il se flattait d'en rire et triomphait d'avoir rapidement séduit Hamdi O. Hassen. Dès avant son récent triomphe, n'avait-il pas obtenu promesse de sa fille, hospitalité en sa tente et peut-être davantage ? Il leva les yeux avec un sourire satisfait par-dessus la fillette qui, à demi couchée, se laissait caresser par sa mère; espiègles, de grands yeux noirs lui répondirent. Oui, la vie était confortable et belle.

La promesse d'Hamdi n'avait pas été sans scandaliser l'assemblée des notables; il vivait par goût la vie des pillards, mais, sans être riche, jouissait d'une honorable aisance: il possédait les deux tiers d'une jument de sang arabe, un nombre respectable de chamelles et surtout pouvait espérer pour son fils d'heureux mariages qui apporteraient autour de sa tente de nombreux chameaux de « mneha ». El Habib, avec la sagesse pesante des aînés, lui avait représenté que Sid Ahmed — incontestablement averti de tout ce qui avait trait aux choses des armes — ne trouverait pas aisément la dot. Hamdi, non sans quelque mépris pour son sage et casanier cousin, avait rappelé, avec le rire léger des prodigues, qu'il avait sacrifié en folies plus de chameaux que n'en comptaient les troupeaux marqués du feu à la joue droite et que les razzia, qui sont de bonnes et généreuses maîtresses, sauraient servir son ami avec la même bienveillance qu'elles avaient mise à le servir lui-même. Il n'avait pas trop préjugé et, en deux expéditions, Sid Ahmed avait groupé les chameaux, les pièces de guinée, le sucre nécessaires. On disait qu'il allait payer incessamment, et ses partisans notaient que l'année avait été pour lui doublement bienveillante, puisque l'abondance du lait et celle du butin faisaient croître ensemble le double objet des promesses.

Des jaloux avaient jadis essayé de blesser sourdement le Gasmi (1), faisant remarquer que son récent ami montait plus souvent que lui-même sa Zreiguia; la réponse les avait mortifiés: « Sid Ahmed est aussi noble que la bête », avait dit Hamdi à ceux qui lui rapportaient ce propos. Les mêmes murmuraient maintenant que l'Hammoni était probablement aussi noble que la femme. Mais ils ne répétaient cette opinion qu'à voix basse, parce que sous la même tente vivaient deux hommes à la balle prompte et précise.

Des commères accourues déployaient les pièces de guinée blanche et bleue, le tapis rapporté du

(1) Singulier de Llgouassem.

haut Drâa, la couverture pillée au Niger; elles s'exclamaient par politesse et par ce besoin qu'ont les femmes de surfaire leurs sentiments. La compagnie était nombreuse. Fatimatou, assise à côté des bagages, faisait préparer sans arrêt des écuelles de lait aigre où elle versait la quantité d'eau raisonnable tout en gourmandant Mbarka; mais la vieille esclave n'en travaillait pas mieux, agitée d'avoir à choisir une belle étoffe parmi ces richesses que la munificence du beau jeune homme, fiancé de sa petite maîtresse, se plaisait à offrir avec la générosité insouciante de ceux qui ne savent rien retenir.

Hamdi renvoyait les amis qui processionnellement avaient apporté la dot et leur recommandait de transmettre à son nouveau gendre ses vœux et ses remerciements: « Dites-lui qu'il soit loué et que notre destin avec le sien s'élève. » Les femmes, les mains dans les tissus indigo, répétaient: « Ach! une belle dot, ach! », tandis que les hommes estimaient deux chamelles qu'un captif avait conduites devant la tente et qui se laissaient admirer avec indifférence tandis que leurs chamelons maladroits s'efforçaient d'atteindre, malgré les sparteries protectrices, leurs pis bien défendus.

Derrière le pan de la guitoune, la fiancée à genoux, déjà femme par la curiosité, avait collé son œil à la fente agrandie entre deux bandes de la cotonnade indigène; elle regardait avec intérêt le prix dont on la payait et, de l'estimer considérable, elle éprouvait une fierté naïve. Elle avait entendu son père et sa mère approuver que la dot fût réglée sans tarder, bien que l'enfant fût très jeune, puisqu'elle était grasse — Dieu soit loué! — et qu'elle se formerait vite à l'odeur de l'homme. Elle savait que les enfants de son âge la conduiraient le soir même à la guitoune qu'elle avait vu édifier le matin à quelques cent pas de la tente paternelle, mais elle ne s'en inquiétait guère, sachant qu'elle reviendrait à l'aube près de sa mère et de la vieille Mbarka.

⁂

Pendant une semaine la petite Aïchatou avait été conduite chaque soir chez son mari, tantôt par sa mère, tantôt par la vieille, et toutes deux lui donnaient des conseils de coquetterie; mais l'esclave lui expliquait seule qu'il faut demander des cadeaux.

Mbarka s'indignait. Sa vieille cervelle toute recroquevillée comprenait bien des choses et elle trouvait au fond de sa servitude des indignations irritées quand l'impudence devenait torp évidente... Elle-même, peau noire, ridée comme une date sèche, ne portait-elle à son cou décharné plus de colliers, plus de bijoux que sa jeune maîtresse ? et elle s'attendrissait en regardant dormir l'enfant grasse. « Ah! iogui! pourtant si belle. » Son obscur respect des choses établies lui faisait craindre la sanction d'une justice moitié divine et moitié humaine. Un peu radoteuse, elle branlait le chef, et ses yeux ternes, bordés de chairs rougeoyantes, savaient encore trouver les expressions d'un apitoiement apeuré.

Sid Ahmed ne demandait plus sa femme tous les soirs et la curiosité des petites compagnes d'Aïchatou avait trouvé de nouveaux jeux. L'Hammoni, certes, n'oubliait pas ses devoirs, et chaque matin il allait à la tente de son beau-père après le thé qu'il n'y pouvait plus boire*. Il en ressortait parfois les boucles grasses et luisantes... Le Gasmi s'absentait souvent. El Habib paraissait soucieux. Mais Sid Ahmed se préoccupait surtout de relever les traces des autruches que tantôt lui, tantôt Hamdi chassaient à cheval.

Ce matin l'Hammoni avait précédé sa femme, laissant à Mbarka le soin de la ramener à la tente. Assis sur la couverture de toisons dont la laine écrasée gardait encore la chaleur des corps qui y avaient dormi, il expliquait à son beau-père le sens des traces relevées la veille et comment, à son avis, il convenait d'aborder les oiseaux méfiants. Hamdi but un long trait à la calebasse pleine de lait éclatant puis, l'ayant reposée sans en offrir, il se leva et, passant à l'épaule l'écharpe de son poignard, enfourcha la Zreiguia que Messaoud avait soigneusement sellée. Sid Ahmed et Fatimatou le regardèrent partir, les pieds nus aux étriers, le fusil en travers sur le pommeau de la selle; la jument, bien mise, avait le pas rapide; bientôt Hamdi atteignit les dernières tentes du campement.

Indifférent à la conventionnelle pudeur, Sid Ahmed tendit la main vers la calebasse, mais Fatimatou l'arrêta: « Laisse, l'outre est un peu fermentée », dit-elle avec sollicitude, et, prenant une peau récemment assainie par un traitement judicieux à l'urine de chamelle, mais dont le goût amer avait déjà disparu, elle emplit l'écuelle d'un lait plus savoureux. Sid Ahmed y but longuement, puis, comme Mbarka s'approchait amenant Aïchatou, il reposa le récipient dont sa belle-mère affecta de s'occuper avec lenteur, mêlant le lait pour préparer la ration de sa fille. Mbarka devait courir jusqu'à la tente de l'Habib redemander à une autre captive la marmite, qu'importante, elle lui avait prêtée avec de sages recommandations. Aïchatou resta dans la tente et, Fatimatou l'ayant tendrement attirée, elle se coucha la tête appuyée sur les genoux de sa mère qui se mit à lui chercher ses poux. Sid Ahmed s'était allongé, un coussin sous l'aisselle, il regarda les deux femmes, avec complaisance, puis, incapable de résister au désir, il étendit la main et audacieusement entreprit de caresser l'aînée; par-dessus l'enfant étendue, Fatimatou, levant les yeux pour un demi-reproche, trahit du regard le double plaisir qu'elle éprouvait de la caresse et de l'audace.

Le cheval d'Hamdi ayant perdu un fer, le chasseur le laissa chez l'artisan qui, accroupi devant sa bigorne, s'appliquait à quelque travail dérisoire. A pied, il rejoignit sa tente et, comme il ne songea point à prévenir de son arrivée par l'habituel « essalam aleikoum », son retour fut suivi d'un beau tapage.

Aïchatou étant restée chez l'esclave après y avoir été boire son lait, Fatimatou et son gendre se trouvaient seuls sous la tente. Sid Ahmed, agréablement las, s'était étendu près de sa maîtresse et, la nuque sur ses genoux, il se laissait masser la tête par les doigts fins qui ne quittaient les longues boucles brunes que pour se plonger dans une petite écuelle de bois où commençait à fondre près d'une bolée de beurre; or, Hamdi avait la chevelure sèche, sa femme lui ayant déclaré n'avoir plus une goutte de graisse sous la tente.

Son irritation était légitime.

Sid Ahmed ramassa son écharpe et sortit avec dignité. Hamdi, suffoqué, ne trouvait aucune parole. Mais, revenu de sa surprise, le mari battit sa femme avec méthode et tout le camp retentit de « oueli, oueli, oueli! », d'abord parfaitement sincères, mais qui, les femmes étant sorties des tentes avec compassion, s'accentuèrent en une plainte savante, aiguë, énervante qui attira auprès de l'adultère les plus intimes amies et quelques hommes prêts à intervenir. Hamdi avait tiré hors de chez elle son épouse qui, elle-même, sournoisement, déchirait son voile, rompait ses colliers, se couvrait de sable sans interrompre sa plainte, excitant son mari à la battre davantage; tantôt elle s'abritait dans ses bras croisés, tantôt elle levait un visage éploré particulièrement émouvant pour les hommes. Aïchatou, debout près de l'abri de la captive, qui sans paraître s'apercevoir des événements l'appelait en vain, regardait la scène avec intérêt. Hamdi, ayant saisi l'un des mâts de la tente, l'abattit d'un coup, et le lourd tissu noir, affaissé sur les bagages qui le bossuaient, resta seul témoin du drame quand les femmes eurent emmené la coupable et que le mari offensé, jetant son fusil à l'épaule, d'un geste de menace, s'en fut allé vers la tente de son aîné au bon conseil.

Tout s'arrangea. Mais il fallut que Sid Ahmed jurât, sur le Koran, devant un groupe de parents et de notables, que Fatimatou n'avait jamais été sa maîtresse. Il avait beau faire dans sa pensée des réserves à ce serment, le livre ouvert sur la cinquante-deuxième sourat: « Bismi illahi er rhamani er rahimi oua ettouri oua Kitabi Mastououriin » l'inquiétait étrangement. Il dut porter sa guitoune à l'autre bout du camp et laisser sa femme retourner seule le matin à la tente de sa mère, bien que peu à peu, couvert par le serment, il dut affecter assez de naturel pour venir parfois s'y asseoir lui-même. Fatimatou, sans s'étonner de son innocence inattendue, réclama des dommages à son mari; elle obtint la chamelle qu'elle convoitait depuis longtemps et le remplacement de l'un de ses colliers dont on n'avait pu retrouver toutes les perles. Mais dès lors, Ahmed eut le sentiment confus que quelque chose était brisé dans la belle ordonnance de sa vie.

Au campement il couchait désormais son fusil entre les jambes, la main à la poignée du poignard comme au désert.

Comme ils fuyaient, Sid Ahmed, peut-être seul, récapitula, sans vains regrets bien qu'avec amertume, les erreurs commises. De nombreux razzieurs démontés couraient à pied, s'agrippant d'une main à une pièce du harnachement ou à la queue des montures qu'on avait pu sauver. De temps en temps, l'un des piétons, fatigué, sautait en croupe, ou l'un des pillards montés glissait à terre pour laisser un coureur prendre sa place et se reposer à son tour. Les grains des herbes piquantes s'accrochaient aux vêtements et, bien que les gommiers soient plus rares, Sid Ahmed se souvenait de la brousse soudanaise.

Quand les hommes s'entr'aident, c'est que le danger reste encore normal. Sid Ahmed pensait à regrouper le rezzou pour reprendre l'offensive, faisait le point.

Aucune responsabilité cette fois ne l'obligeait car il avait refusé de partir comme guide, pour ce Trarza qu'il connaissait mal. Il ne s'était laissé entraîner dans l'affaire que par curiosité professionnelle, et peut-être pour voir l'Océan. Il n'avait aucune confiance en Ould Ely Cheik et n'estimait pas son recrutement, disparate; il comptait peu de gens du Tell, mais des étrangers surtout suspects de se laisser tenter par le pillage honteux des tribus maraboutiques, généralement respectées; on savait le Ma el Aïnin capable d'en permettre la lâcheté déshonorante. Ce cousin du vainqueur de Marrakech* n'avait pas hésité, au cours d'une légère affaire précédente, à piller ses parents, les Fadelia de Jreif, et le sacrilège en avait fait scandale.

Depuis quelques mois, Sid Ahmed était devenu susceptible en matière de sacrilège.

Mais l'Ouest le tentait.

Rejoint et attaqué par l'Emir du Trarza, le rezzou avait dû abandonner ses prises, peu après il était allé donner dans une poursuite improvisée par les gens des Nçara et conduite par l'un d'eux, y perdant bon nombre de ses montures. O. Ely Cheik avait été tué. Une certaine panique régnait maintenant parmi les razzieurs, mais tout n'était pas perdu. Sid Ahmed sentait devant le désarroi de ses compagnons grandir la confiance en soi qu'une longue expérience développe.

Stupide imprudence. O. Ely Cheik avait eu l'assurance que les campements O. Delim et O. Bou Sba ne s'opposeraient pas à son passage, ni même à son retour par le rivage de l'Océan, s'il évitait de les compromettre en passant trop près d'eux. Etait-ce une raison suffisante pour s'enfoncer dans le Sud jusqu'à quelques étapes du fleuve Sénégal ? L'audace irréfléchie est sottise. Le silence des tribus du Nord pouvait s'acheter, mais il est puéril de croire au secret de ce qui franchit plus de quatre oreilles. Si profondément enfoncé en Mauritanie soumise, le rezzou devait tout craindre d'une alerte donnée avec ces diableries dont disposent les Nçara et qui portent, dit-on, les nouvelles plus vite qu'un courrier monté sur les meilleures juments de sang pur.

Une voix haute aiguë, soudain s'éleva, plana, vibra et se cassant net, ironiquement bourdonna. Sid Ahmed venait de lancer la première mesure d'une improvisation satyrique :

« Il était venu du Nord un beau rezzou*
« M...mm...mmm...mmmm... »

puis il laissa les étonnements se fixer en attention...

« Dont le chef était un préféré de Dieu... »

adroitement il en appelait à la mémoire de celui

qui venait de mourir, à son ascendance vénérable :

« Mais dès qu'il toucha l'ennemi... »

les fuyards, piqués, s'étaient intéressés au chant.

« Dois-je dire qu'il s'enfuit sans honneur ? »

lança alors Sid Ahmed sarcastique.

Mais comme il allait réussir à ranimer les courages, deux méharistes apparurent à l'horizon et la panique reprit de plus belle.

Avec deux ou trois hommes, Sid Ahmed se porta vers les arrivants. A cinq cents pas il les reconnut. C'étaient deux Reggueibat du rezzou qui avaient fui seuls et qui revenaient, rabattus vers l'Est, par une mauvaise nouvelle: un des pelotons méharistes des Nçara dans l'Amseiga, à 50 kilomètres à peine, était alerté, prêt à partir. Dès lors il ne fut plus question d'agir, chacun songea à se jeter dans la montagne et, accélérant l'allure pour gagner les monts Ibi, les pillards montés abandonnèrent les autres à leur sort. Autour de Sid Ahmed pourtant se forma un groupe d'une quinzaine d'hommes, confiants dans sa valeur, dans son expérience, dans la connaissance de l'Adrar qu'il devait à ses souvenirs d'enfance; alors il ralentit son allure pour ne distancer personne.

L'Adrar est un plateau qui se termine brusquement sur la plaine par une falaise de quatre à cinq cents mètres, le plus souvent à pic, mais qui au Sud-Ouest se complique d'effondrements, de ravins, de vallées où l'eau rare se concentre et donne la vie à quelques palmeraies filiformes étirées le long d'oueds pierreux. Ces palmeraies ont attiré la vie, ces reliefs ont toujours été des refuges. Les gens de l'Adrar sont pauvres en troupeaux, mais farouches ; ils sont accueillants quand les dattes mûrissent et félons le reste de l'an. Il faut être désespéré pour se jeter dans leurs montagnes parce qu'ils y sont agiles et en connaissent les moindres recoins, les plus minces ressources; mais un rezzou démonté peut espérer pourtant y trouver de l'eau, quelques mouflons, y vivre et s'y cacher en une perpétuelle alerte, jusqu'à l'occasion d'une affaire qui le sauve.

Les Nçara ont astucieusement voulu s'assurer du marché des dattes, ils ont occupé l'oued Seggeli dont le lit se dessine entre les plis rocheux parallèles et courts qui soulignent la falaise, mais ils ont établi aussi dans l'Ouest leurs troupes étrangement soumises et permanentes, pour lesquelles ils achètent les meilleurs mehara aux gens du pays et aux Reggueibat eux-mêmes; les Nçara sont riches.

Les gens du Nord n'ignorent pas ces choses. Mais quand les hommes ont « la tête perdue », ils ne mesurent pas leurs fautes. Engagés maintenant entre l'Amatlich gardée et l'Adrar redoutable, les razzieurs pouvaient du moins sentir tout le poids de celles qu'ils avaient commises. Avec des montures diminuées, sans espoir de s'en procurer d'autres dans des campements sur le « qui vive », il était vain de tenter le retour direct par le Nord. Mais combien inutile aussi de se lancer dans la montagne inconnue! Aux abois, ils y couraient pourtant, par un vieux réflexe de bête.

Sid Ahmed savait ses chances précaires. Mais à son groupe s'était joint un Semsdi qui, pour avoir tué un parent, avait dû, quelques années plus tôt, quitter l'Adrar; cet homme, né à Oujeft, connaissait admirablement la falaise. Il en tirait d'ailleurs une instinctive confiance et il eût été probablement tenté de ne compter que sur lui-même si l'ascendant de Sid Ahmed eût été moindre. Mais la volonté de vivre exercée aux luttes opiniâtres contre le grand désert donnait au fils du Mechdoufi une autorité qu'accroissait encore, pour un homme de l'Adrar, le souvenir de son ascendance guerrière: un Semsdi se range d'instinct aux côtés d'un Hammoni.

Sid Ahmed eût aimé trouver chez ses autres compagnons une semblable confiance, mais plusieurs d'entre eux étaient des gens de l'Ouest où les distances sont courtes, les tribus nombreuses, où, comptant plus sur le clan, on compte moins sur l'homme; inquiets de tout, tout contribuait à les perdre.

Dès les premières rocailles, les derniers chameaux des pillards, déjà fourbus, avaient trébuché dans les pierres de façon maladroite, et leurs pieds douloureux les ayant bientôt rendus plus lourds qu'utiles, on les avait abandonnés après s'être chargé de quartiers de leur viande. Les gens du Nord, maintenant, marchaient parmi les blocs qui jonchent le pied de la falaise. Ils allaient péniblement dans le terrain inaccoutumé, mais ils allaient sans hâte: les traces ne s'y dénoncent guère et c'est l'homme qu'il faut voir pour le chasser.

Les Nçara tiennent de leur autorité despotique un défaut qui servait les fuyards, ils veulent tout organiser et groupent les gens qu'ils arment; leur donnant des missions précises ils limitent le jeu de leur instinct. Sid Ahmed le savait et il comptait échapper aux chasseurs de mouflons qui, au lieu de battre la montagne au hasard, devaient se trouver postés auprès des passes. Il jouait sur cette remarque, laissant ses gens traîner leur fatigue avec mollesse dans les régions les plus escarpées afin de pouvoir exiger d'eux l'effort nécessaire pour franchir rapidement les ravins où l'on peut deviner un refuge, les rares sentiers qui permettent l'accès du plateau. D'ailleurs, gagner des jours c'était laisser à la surveillance le temps de se détendre.

Au Nord d'Atar, le Dhar se brise net; le plateau de Chinguetti finit en terrasses monstrueuses par une falaise de 300 kilomètres de long dans laquelle l'altitude s'effondre pour ménager aux yeux le panorama immense des plaines qui, marbrées d'oueds ou couvertes de dunes, s'étendent vers l'Ouest et vers le Nord, nuancées au début et à la fin du jour par les jeux infinis de la lumière. Le plan de Sid Ahmed était de pousser le plus loin possible en suivant la falaise, de franchir à son abri les lignes surveillées par les Nçara, enfin de ne la quitter que bien loin d'Atar, à peu près hors d'atteinte.

Les fugitifs, dormant aux heures chaudes, ne marchaient que la nuit. Ils espéraient échapper ainsi aux recherches et retarder la soif. Le Semsdi avait pu deux fois recueillir à des sources minuscules qui suintaient goutte à goutte dans certains replis de la montagne, assez d'eau pour que chacun put s'y mouiller les lèvres; on y avait même rempli une outre qu'on gardait en réserve. Mais c'était là une bien modeste victoire, l'on était encore au Sud de la zone dangereuse, les plus dures épreuves restaient à surmonter, chaque pas conduisait à des difficultés plus grandes. Ceux qui suivaient encore Sid Ahmed et le Semsdi le comprenaient moins qu'eux et pourtant ils sentaient avec leur fatigue croître leurs appréhensions et diminuer leurs espoirs.

***

La passe de Touresrest escalade la falaise par la voie d'un ravin; le sentier contourne un promontoire qui déjà domine la vallée du Seggelil et d'où l'on voit l'extrémité des palmeraies d'Atar, redescend au fond de la gorge, s'accroche à son versant nord pour grimper avec elle, attaque en corniche une paroi rocheuse, atteint une vallée suspendue, et de là, en serpentant dans les éboulis d'un dernier talus pierreux, débouche sur le plateau parmi de maigres euphorbes. La passe est fréquentée par les piétons qui vont d'Atar vers Chinguetti ou qui en reviennent, et quelquefois par les caravanes légères.

Sid Ahmed avait songé au sentier qui coupe la falaise dans toute sa hauteur, aux traces qu'y laissent les passants; il comprenait qu'elles y rendent la surveillance facile pour interdire l'accès du Nord à des réfugiés de la montagne; il craignait que les Nçara n'y aient placé un groupe de Semacides ou de Teurchanes; il se préoccupait de cette précaution évidente dont le Semsdi avait la certitude. Il fallait donc tromper la surveillance des guetteurs, profiter de la nuit et de la lune, jouer de l'ombre et de la clarté, mais d'abord reconnaître les lieux.

Parti en éclaireur, le Semsdi avançait parmi les pierres avec des précautions minutieuses. Quand il atteignit le sentier, il le franchit d'un bond et son ombre bleue l'effleura seule. Accroupi sur une roche, évitant de poser le pied sur le sol, il interrogea la poussière sablonneuse. Les traces y étaient nombreuses et récentes, trahissant la vigilance des guerriers, la fréquence de leurs allées et venues. La plus fraîche attira l'attention de l'homme. L'empreinte était large, ferme, et, tout à coup, elle lui apparut comme quelque chose de connu, de familier... Le pas avait gravi la pente. Le Semsdi fouillait sa mémoire. De pierres en pierres, machinalement, il remonta les traces, puis le ravin.

Il avait soif.

Un nom, tout à coup, lui envahit l'esprit: Taleb O. Kheri! son oncle... comment avait-il pu hésiter! Il se rapprocha du sentier, vérifia l'empreinte, et, comme poussé par une force absurde, continua son ascension silencieuse sous la menace d'un bruyant écroulement de pierres instables.

Le groupe des Semacides avait posé ses bagages auprès du sentier, sous un accacia cramponné à la roche par ses racines noueuses et dont l'ombre était de quelque efficacité pendant le jour. Maintenant, un peu à l'écart, le fusil entre les jambes, les hommes fumaient autour d'un feu très bas qui les éclairait à peine, tandis que la lune tirait parfois un bref éclat de leurs armes.

Le Semsdi montait. Il n'avait quitté l'Adrar que depuis trois ans, il savait que sa famille avait payé le prix du sang pour son meurtre. Quand il aperçut les silhouettes de ceux de son clan, quand il sentit l'odeur du tabac, devina le geste qui passe de l'un à l'autre l'os de mouton dont chacun tire une longue et unique bouffée, il comprit soudain qu'il avait résolu de tenter sa chance.

A quelque cent pas du groupe des hommes il s'arrêta, hésita, se dressa, et appela d'une voix sourde:

— la Taleb Kheri...

Les hommes d'un bond furent sur pied; mais l'arrivant était debout, il avait l'arme à la bretelle et levait le bras droit; il répéta:

— la O. Kheri, je suis Abdallah O. Kheri.

— Pose ton fusil et viens, dit le plus ancien des guerriers.

— Viens, toi.

Sans hésiter, celui qui avait répondu se détacha du groupe en faisant un signe à ses compagnons. C'était un homme mûr, des fils d'argent se mêlaient à sa barbe et à ses boucles opulentes; la peau de ses jambes était déjà ridée et ses genoux calleux, mais ses cuisses sèches, que découvraient les lambeaux du vêtement serré à la ceinture, étaient musclées, et, sur sa sandale de peau travaillée à la main, son pied prenait un appui solide qui trahissait la force. Quand il aborda son neveu, celui-ci lui baisa l'épaule. Ils s'entretinrent un moment à l'écart, puis vinrent au groupe attentif dont quelques hommes s'étaient pourtant rassis.

— Donnez à boire, dit l'ancien.

Le dissident s'accroupit, ramenant un pan de son vêtement entre ses jambes, et, prenant la boîte en fer blanc qu'on lui tendait, but lentement. Ensuite il serra des mains avec une sorte d'indifférence. Puis il souhaita fumer. Un homme, de la pointe du briquet, bourra son os de mouton, d'un coup de patte isola une braise du feu qui commençait à s'éteindre, l'enfonça un peu dans le sable, puis la prenant avec deux doigts par l'extrémité ainsi refroidie, alluma la pipe dont il tira une bouffée avant de l'offrir. Le Semsdi longuement aspira, poussa un « ah! » satisfait, tira une seconde goulée, but encore une gorgée, se leva, prit son fusil, serra des mains, répondit aux souhaits de son oncle qui le confiait à Dieu et s'éloigna. Les Semacides le regardèrent un instant marcher dans les pierres, puis, accroupis autour de l'ancien qui leur avait fait signe de se rapprocher, attentifs, l'écoutèrent.

La marche des hommes, de plus en plus maladroite, disait la fatigue et les pieds douloureux. Ils s'échelonnaient dans les rochers et la lune trop lumineuse les dénonçait sans leur permettre d'assurer assez leurs prises pour éviter que parfois une pierre détachée, rebondissant dans la nuit avec un son clair, ne les fit sursauter. Le Semsdi marchait en tête et Sid Ahmed ne le quittait pas des yeux. Inquiet mais impuissant, il avait noté l'odeur du tabac dans l'haleine de l'homme: les Reggueibat ne fument pas. Mais il savait aussi qu'il eût été inutile de dévoiler la trahison; la plupart de ses compagnons n'eussent pu réagir. Seulement Sid Ahmed, sûr d'avoir compris, formait un plan. Son idée faisait bon marché de ces hommes auxquels il n'était attaché que par le souci de les tirer d'affaire et dont il se désintéressait pour autant qu'il les savait vaincus. Ses réactions d'homme fort ne s'embarrassaient pas de vains scrupules.

Comme l'on approchait du ravin de Touresrest, l'odeur du feu devint perceptible, mais trois ou quatre hommes à peine obéirent à l'instinct de s'arrêter pour prendre le vent, les autres, abrutis de fatigue, suivaient lourdement le Semsdi. Ce détail décida Sid Ahmed. D'un signe à peine esquissé, il attira l'attention de ceux de ses compagnons qu'il estimait encore capables de réagir et, modifiant sa marche, peu à peu s'écarta du groupe. Suivi de cinq ou six hommes, il gravissait la pente, prenant petit à petit de la distance et de la hauteur comme s'il avait voulu atteindre le sommet de la passe, aborder l'endroit où le Semsdi et l'odeur du feu signalaient la présence des guetteurs.

Aussi, lorsqu'avec une soudaineté déconcertante, la fusillade éclata, bondissant dans les pierres, Sid Ahmed et ceux qui l'avaient suivi, sans jeter un regard au lieu de l'embuscade qu'ils dominaient déjà de quinze ou vingt hauteurs d'homme, échappèrent-ils au combat. En quelques instants ils atteignirent le sentier, bien au-dessus de l'endroit où les Semacides s'étaient embusqués; ils le gravirent sans reprendre haleine.

Derrière eux, l'éclat des voix avait remplacé les brutales explosions des lebels, les gens d'Atar triomphaient bruyamment d'un ennemi exténué.

Sid Ahmed cherchait à se remémorer les lieux; il se souvint de l'arbre et, songeant à la chaleur du jour dans la gorge, n'hésita pas; là seulement pouvaient être les minces bagages du groupe de garde. Il les y trouva, s'empara d'une outre à demi pleine, d'un sac à bagages cadenassé, qu'il jeta à l'un de ses compagnons, puis, sans même se permettre de boire ils s'enfuirent par les pentes sombres pour atteindre le plateau; il leur fallait retrouver l'avantage de qualités qui, dans la montagne, étaient incapables de lutter avec celles des Semacides. Leur coup de main, pour un temps, les sauvait en leur procurant l'eau essentielle, mais il les avait du même coup trahis. Sid Ahmed espérait, il est vrai, que les gens d'Oujeft se contenteraient de leurs succès de la nuit, se disputeraient au sujet des carabines enlevées, escorteraient les prisonniers vers Atar, et négligeraient de le poursuivre.

Les exaltations subites n'ont que la valeur d'excitations nerveuses, elles peuvent être d'un secours immédiat, mais elles restent sans vraie vigueur et laissent après elles une lassitude qui, pour des corps fatigués, prend la forme d'une dépression physique autant que morale. Sid Ahmed ne s'était pas avoué le plaisir de boire, de porter à la main une peau pleine de dattes sèches, de fouler un sol à peu près horizontal et d'avoir échappé au sort d'une partie de ses compagnons; ceux qui le suivaient lui avaient reproché cette sagesse; ils s'étaient cru sauvés; aussi, quand après avoir marché allègrement aux heures fraîches sur l'irrégulier dallage piqué d'acacias qui borde le plateau, ils comprirent qu'ils étaient recherchés, puis, bientôt, poursuivis, leur joie fit-elle place à l'abattement; toute idée de défense les abandonna. Ils voulaient s'asseoir et attendre là les éclaireurs qu'ils avaient distingués de loin.

D'abord étaient apparus deux méharistes, vers le Sud; puis, bientôt, deux vers l'Est; ils allaient avec incertitude et plusieurs fois l'on put deviner à une silhouette moins haute que l'un d'eux avait mis pied à terre pour chercher à relever les traces; la pierre ne les gardait pas et il lui fallait les chercher longuement pour les retrouver de loin en loin, là où dans l'intervalle des roches le sable reste sensible à l'empreinte. Bientôt les poursuivants allaient être guidés par de meilleurs indices; depuis quelques kilomètres le pied d'un des fuyards s'était mis à saigner et il laissait à chaque pas sur le sol une marque éloquente.

Sid Ahmed dut représenter à ses compagnons la tristesse du sort qui les attendait, la cruauté des Nçara, la brutalité de leurs nègres; il leur rappela ce qu'O. Ely Cheik lui-même avait eu à souffrir avant sa première évasion* et, les vieilles histoires à demi légendaires servirent cette fois mieux qu'à l'entretien des veillées devant la tente! Sid Ahmed, sans abandonner personne, put se rejeter à la montagne. Il était temps: derrière ses fourrageurs venait d'apparaître un gros détachement dont les méharistes étaient groupés avec ordre comme vont les troupes des Nçara.

Mais au delà des pitons d'Amodjar, buttes témoins détachées de la falaise comme pour ponctuer l'extrémité nord de la partie où son relief est confus, le plateau se casse net au-dessus de la plaine par une muraille qui la domine d'une hauteur considérable et qui pendant de longues journées de marche, suivant la direction de la prière, se poursuit, souvent inaccessible, toujours âpre, et franchissable seulement par des passes qu'il faut connaître. Les six désespérés descendaient au hasard par les crevasses du vertigineux à-pic; mais ils se trouvèrent bientôt arrêtés à quelque cinquante mètres au-dessous du sommet par la chute de la paroi, lisse comme un mur. Au-dessus d'eux ils entendirent les grognements des chameaux qu'on agenouille, puis le bruit confus de voix; brusquement, quand les hommes s'approchèrent de l'abîme, elles tombèrent sur eux claires et distinctes; l'une d'elles parla en langue naçrania et quelqu'un, semblant en reprendre les termes, articula, avec l'évidente intention d'être entendu : « Le Kabetene dit : n'essayons pas de descendre, là-dedans un homme se défend contre cinquante, ils remonteront quand ils auront soif; rien ne nous presse. » Sid Ahmed se pencha sur le vide et sut que le Naçrani avait raison.

Contre les rochers, le soleil est terrible; dans la plaine l'air fait oublier qu'à midi le canon du fusil brûle les mains. Dans la montagne même, où les jours précédents les fugitifs avaient trouvé refuge, l'ombre des blocs ou des cavernes les avait défendus de la réverbération torride. Maintenant, serrés sur une étroite corniche exposée au Nord, aux pleins rayons du soleil de juin, les hommes connurent la cruauté d'avoir soif au contact des pierres ardentes. Changer de position, se tourner, s'étendre, était chercher de nouvelles brûlures; alors, pendant des heures ils se tinrent debout sur un morceau de leur vêtement dont ils se dépouillaient pour isoler leurs pieds de la roche. Mais, quand, épuisés, ils s'assirent ou ne résistèrent plus à se coucher, l'ardeur de la soif sembla s'ajouter démesurément à la température de la fournaise. La plaine s'étendait à leurs pieds, regs gris bleu marbrés d'oueds clairs, d'où l'air chaud montait en vibrations porteuses de mirages. Au Nord-Est, malgré la brume des lointains, qui à midi estompe les lignes réelles, l'on devinait Jreif à la masse sombre de ses quelques palmiers et de ses tamarix. La pensée s'y rattachait avec une obsédante insistance. Puissamment assis sur l'éboulis inférieur, un de ces cônes de sable (1) que construit le vent dans les concavités de la falaise semblait ramper contre la paroi pour s'élever jusqu'à eux, les appeler à la folle tentative d'une chute de quinze mètres. Et la fièvre balançait l'obsession, de l'ombre humide des palmiers à l'attirance cruelle de l'évasion improbable.

Le soir vint sans apporter son habituelle détente; sur le sable la fraîcheur suit immédiate-

---

(1) Behgue en maure.

ment le coucher du soleil; la falaise au contraire rendait sa chaleur, et l'atmosphère immobile restait étouffante. Pendant qu'ils faisaient la prière ils entendirent au-dessus d'eux le retour des chameaux qui avaient passé la journée au pâturage; l'air silencieux laissait tomber jusqu'à eux les voix de leurs adversaires. Un peu plus tard ils distinguèrent le choc tentateur du verre sonore contre le pain de sucre que l'on casse; prêtant l'oreille, ils entendirent le son argentin du thé versé de haut dans les verres*.

Sid Ahmed ne se résignait pas à se rendre et ses compagnons attendaient qu'il parlât. La lune qui, à leurs pieds, éclairait la falaise, non seulement n'avait pas permis à la nuit d'écarter le prestige du vide, mais en trompant sur l'altitude elle aiguisait hypocritement la tentation d'en finir par un essai désespéré.

La conscience est la condition et la limite du courage. Ce fut le plus affaibli, le plus démoralisé des six hommes qui se précipita le premier. Il s'était traîné jusqu'à la pierre surplombant la dune et, soudainement, sans avoir parlé, sans réfléchir, conduit par la force hypnotique de l'obsession, il se jeta; ses compagnons le virent tourner sur lui-même, s'abattre dans le sable, plus meuble qu'ils n'eussent cru, dont une nappe superficielle glissa avec lui de quelques mètres, puis, s'asseoir, plus étonné qu'étourdi. Alors, silencieusement, un à un ils l'imitèrent. Sid Ahmed sauta le premier, légèrement ramassé sur lui-même; il sentit ses entrailles oppresser ses poumons, perçut l'angoisse cardiaque, puis s'enfonça brusquement dans le sable et s'écroula en avant sur la couche molle avec dans chaque articulation un choc douloureux. Un à un ils tombèrent avec un muet et sombre fatalisme. O. Moya se cassa le bras gauche sans jeter un cri.

Quelques heures plus tard ils apercevaient dans l'ombre les silhouettes sveltes des palmiers de Jreif.

Ils s'en tinrent à une distance de cri et s'accroupirent. Les serfs qui occupent la petite palmeraie y cultivent de maigres champs d'orge et les arrosent la nuit pour éviter les ardeurs du soleil. On entendait le grincement des longs balanciers qui aident à remonter les seaux de cuir des puits peu profonds. Atteindre l'eau, c'était donner l'éveil. Les noirs n'étaient pas à craindre, mais il était certain, puisque malgré l'alerte ils travaillaient normalement, que les Nçara avaient envoyé un groupe de partisans pour défendre ce butin tentant de travailleurs demi-esclaves. Attendre le jour? Sid Ahmed réfléchissait en silence. « Nous boirons à El-Moueila », dit-il enfin. Le temps de cette réflexion avait été un instant de lutte, il en sortait victorieux. Les autres se turent, Puis l'un d'eux se levant, décida: « Je vais m'en remettre aux marabouts. De la main droite il tenait son bras cassé. Alors les autres péniblement l'imitèrent. La perspective de faire encore une vingtaine de kilomètres avant de boire venait de les vaincre; l'assurance de trouver à Jreif l'un des Cheik Mohamed Fadel qui sont propriétaires de la maigre oasis proposait à leur fatigue une solution reposante: la détente qu'apporte l'abdication, en nous enlevant la responsabilité de nous-mêmes. Ils acceptaient avec un fatalisme nuancé d'espoir, de s'en remettre au personnage dont le caractère religieux leur semblait à la fois une évidente et une mystérieuse garantie, dont l'intervention entre eux et les Nçara calmait leurs appréhensions quasi superstitieuses. Mais Sid Ahmed n'accepta pas. Il était nemeday pour résister aux fatigues, hammoni pour résister à la honte, reggueibi par sa crainte du contact impur des infidèles. Sa décision immédiatement prise, il trouva dans cette victoire le coup de fouet de la fierté et, soudain très fort, pour souligner son secret dédain, il cracha: « Dieu vous garde »; et son fusil à l'épaule, s'éloigna dans la lumière livide; l'un des hommes le suivit.*

Le jour trouva les deux razzieurs vers Daïa Darhène. Ils allaient avec énergie. La force qu'ils avaient puisée dans le mépris de leurs compagnons se retrempait maintenant dans la fraîcheur de l'aube.

Il serait impossible au désert, en certaines circonstances, de poursuivre la lutte pour vivre sans compter sur Dieu; Sid Ahmed y comptait avec une ingénuité parfaite. Sa confiance était si grande qu'il ne douta pas un instant d'une bonne fortune quand, sur le bombement du reg qui domine à l'Est l'emplacement desséché de la mare (1), une tête parut, monta, la silhouette d'un méhariste se dessina, doublée immédiatement de celle d'un second voyageur. Presque d'instinct Sid Ahmed avait caché son arme derrière lui comme on fait pour approcher les gazelles, et son compagnon l'avait imité. Pourtant, l'un des méharistes, dès que la distance lui permit de distinguer le détail des deux piétons aux bras embarrassés, sauta de sa bête en les hélant. Mais déjà les deux fugitifs, genoux au sol, tenaient en joue le malheureux, incapable de s'abriter sur la surface unie du reg. Sid Ahmed, comme à la chasse, avant de tirer, murmura: « Bismallah! », pour assurer à son coup l'assistance de Dieu. Deux coups de feu partirent; l'homme blessé eut un balancement en arrière, mais put se reprendre et à son tour pressa la détente, en vain, un vertige commençant avait trahi son tir; une seconde balle l'atteignit et il s'affaissa. L'autre cavalier avait fait demi-tour pour s'enfuir; le compagnon de Sid Ahmed allait

(1) Daia signifie mare.

tirer, mais celui-ci le retint en souriant: «Marabout», dit-il. Ce n'était pas la peine de perdre une balle, et peut-être d'alerter davantage d'improbables voisins. D'une voix forte il cria : « Ogef ! » (1) et, tremblant, l'homme en bleu au vêtement flottant arrêta sa monture. Il la fit barraquer et s'avança, le chapelet à la main gauche, la main droite levée, vers les deux pillards qui, la carabine au poing, s'étaient approchés du mort. Sans autrement se préoccuper du falot personnage, Sid Ahmed poussa du pied le cadavre: « Goumier », dit-il en notant l'écharpe rouge, et il eut un sourire en pensant aux cartouches; il n'en trouva que quarante dans la poche de filali marocain, mais il savait que dans le sac à bagages attaché à la selle du mort il en trouverait d'autres. Le marabout tremblait toujours, la main encore levée. Ils le dépouillèrent ainsi que le mort, qu'ils laissèrent presque nu sur le terrain, et avec une certaine volupté se vêtirent, les mains un peu poisseuses. Puis, après avoir demandé, par habitude, au clerc tremblant qui il était, ils le ligotèrent par prudence malgré ses dociles protestations. Sans s'attarder, ils burent à l'outre des voyageurs, sautèrent en selle; les chameaux étaient en forme, la région critique était dépassée, les deux hommes connurent qu'ils étaient sauvés, et non sans butin: cette carabine

(1) Arrête !

et ces cartouches. Sid Ahmed poussa son méhari pour éprouver la joie de se sentir bien assis et sourit.*

«Qu'ils brûlent leurs pères! », mâchonna-t-il: il venait de songer à ceux qui n'avaient su le suivre et qui connaîtraient les fers, l'humiliation, le rotin des Nçara.

Aïchatou, assise près des bagages, comptait ses joyaux, perles baroques de verroteries anciennes au secret perdu, boules de faux ambre, ornements en filigranes d'or; elle porta jusqu'à ses narines le petit morceau de peau de chèvre aux poils raidis de goudron qui avait été son premier parfum de fillette; elle le huma; le parfum en restait pénétrant après des années. Certes, elle n'était plus l'enfant abêtie, obèse et ignorante qui avait été processionnellement conduite à la guitoune de l'époux... Presque mince, sachant s'intimider à propos et marcher en traînant les pieds dans sa longue robe, elle avait agréablement changé; coiffée comme sont les femmes, elle en connaissait maintenant les roueries.

Fatimatou avait prêté Mbarka à sa fille, car c'était jour de coquetterie, et la vieille captive, assise en face de sa jeune maîtresse, tout en écrasant sur une pierre des débris parfumés, lui répétait les soins qu'exigent pour garder leur valeur les mystérieux secrets des femmes; elle mêlait l'ambre, le girofle et le musc, mots prestigieux venus des livres et qu'on applique romanesquement aux épices soudanaises*; puis, ayant mis sur la braise un petit bol de fer, elle y fit fondre une noix de beurre à quoi elle mêla quelques débris de sucre et quelques grains de gomme orientale; bientôt le parfum complexe de l'encens et du caramel s'élevant, la vieille fit remarquer qu'il est essentiel d'attendre ce moment-là pour mélanger les aromates, puis, reprenant son aiguille, elle finit l'ourlet où allait être bourrée la savante mixture.

— Es salam alikoum.

— Aleikoum es salaam, répondirent les femmes, et alors, comme le nouvel arrivant se courbait sous le bord de la tente pour entrer, la couverture jetée du côté opposé à celui où se tenait la jeune femme bougea tandis qu'en sortait une voix blanche, misérable, qui, péniblement, articula aussi: « Aleikoum es salam. » D'un bras maigre écartant la fourrure, Sid Ahmed se souleva un peu sur le coude pour accueillir l'arrivant. O. el Hassen s'assit auprès de lui. Chaque jour depuis son accident le Gasmi était venu voir Sid Ahmed, et l'Hammoni avait trouvé dans cet homme négligemment sauvé bien des années auparavant, alors qu'il luttait contre la soif en compagnie de Chedad O. Youssef, une fidélité que le fils de Loueichfat, toujours fringant, n'avait pas cru devoir à son sauveur d'autrefois.

— Comment vas-tu ? dit l'homme.

— Pas mal, s'il plaît à Dieu.

O. el Hassen nota dans la figure tirée, dans les joues creuses, malgré les yeux fiévreux, une amélioration légère; il avait perdu l'habitude de comparer cette pauvre tête rasée à l'énergique visage aux boucles abondantes qui était apparu à son demi-délire sur la route d'Agueraktem.

— Il faut sortir aujourd'hui, dit-il, essayer de marcher.

— Oui.

L'acceptation était donnée avec une résignation douloureuse.

Depuis sa chute de cheval, ce devait être la première sortie de Sid Ahmed. Ah! si la Zreiguia avait voulu venger son maître, elle y était splendidement parvenue!

O. el Hassen se rappelait avec tristesse ce jour de fête...

A la fin du jeûne, il est coutume dans les campements de galoper les chevaux, et, les femmes, de leurs tentes, les hommes, assemblés, applaudissent aux plus beaux exploits. Le souple Sid Ahmed avait eu tous les honneurs pour sa virtuosité dans le tir en pleine action, l'élégance de sa tournure, et c'est alors qu'il donnait un dernier galop, au moment même où renversé sur la croupe il feignait de jeter son coup de fusil exactement sur ses traces, que la jument avait bronché sur une pierre et roulé avec lui. On l'avait relevé les reins cassés, porté dans sa tente d'où il n'avait plus bougé, et les siens avaient même pressenti les lettrés pour de funèbres soins; mais Sid Ahmed avait traîné. Les curiosités s'étaient réunies autour de sa natte; les avis s'étaient échangés avec des compétences contradictoires et les remèdes les plus inattendus avaient mis à la torture l'infortunée victime dont l'opinion seule n'était pas à consulter. Sid Ahmed avait supporté bravement les cruelles expériences auxquelles l'avaient soumis les sollicitudes intéressées à se donner de l'importance par une audace sans danger. Suspendu par les deux chevilles aux deux mâts de la tente, on lui avait longuement battu la plante des pieds, puis on l'avait balancé en l'étirant « pour redresser les os ». Couché sur le sol, on lui avait piétiné les reins; puis, lorsqu'une constipation opiniâtre s'était déclarée, il avait dû boire la mixture préparée par les femmes avec de la cendre et de la crotte de chameau pilée; mais les hommes, forts d'un avis contraire, lui avaient placé sur le ventre une pierre plate et y avaient sept fois coupé une corde en la martelant avec un gros galet.

Finalement, les curiosités s'étant lassées et les prestiges des guérisseurs menaçant de faiblir, chacun était retourné à ses affaires. Aïchatou elle-même, qui avait d'abord assisté son mari avec un sens certain des convenances et l'amère satisfaction d'être frappée d'un malheur vraiment notoire, avait vite perdu l'habitude d'une coquetterie attentive à la tendresse, et Sid Ahmed était resté abandonné, même de son épouse, dans la moitié de la tente qu'on lui réservait.

Dès lors il avait pu douter de mourir.

Un matin O. el Hassen était venu s'asseoir auprès de lui.

— Il faut essayer de marcher, reprit le Gasmi.

Et, comme Sid Ahmed s'efforçait péniblement de se dresser sur les mains et les genoux, il appela un compagnon qu'il avait amené avec lui mais qui s'attardait au dehors auprès d'une chamelle qu'un chemelon attaché par le cou à sa tête muselée torturait de ses efforts. A deux, ils soulevèrent par les aisselles Sid Ahmed qui sut ne pas gémir, mais dont la mine devint plus terreuse. Ils passèrent sous le bord tendu de la tente en le soulevant et firent quelques pas portant presque le malade, noué, courbé en avant et dont les jambes obéissaient mal à sa volonté tendue. Ils s'arrêtèrent devant les deux bêtes auxquelles Sid Ahmed eut le courage de s'intéresser. La chamelle, lasse, avait allongé sur le sol son cou souple tordu par le chamelon rageur qui tirait sans cesse sur la corde, tantôt les jambes raidies, tantôt par à-coups cruels: « Elle ne l'adoptera pas », dit Sid Ahmed. Mais de la tente Aïchatou cria d'une voix pointue: « El Harr s'y entend mieux que toi! » Son nom avait éveillé l'affranchi loué pour faire adopter par la chamelle, dont le petit venait de mourir, celui d'une autre bête afin qu'elle ne perdît pas son lait. Il quitta l'abri d'une touffe de salsolacées, et peut-être troublé par la phrase de celui qui, diminué, n'en restait pas moins le maître, il s'approcha lentement. Un certain détachement lui tenait lieu d'assurance. D'un coup de pied il fit lever la bête et, déroulant la cordelette dont il lui avait serré le sphincter, il en arracha une cheville de bois un peu sanglante; la chamelle soulagée crotta; mais elle retenait encore son lait et le chamelon résistait au nègre qui s'efforçait de lui faire prendre le pis enflé et douloureux de cette nourrice récalcitrante. Les plaintes aigres et rageuses du jeune animal alertèrent sa mère qui paissait à quelques pas de là; elle vint avec inquiétude; maladroite à défendre son petit, elle se bornait à montrer une irritation bouffonne et impuissante en allongeant son cou et sa tête, en jetant à droite et à gauche les gestes maladroits de ses membres trop longs. D'un mouvement inattendu, elle se retourna, bousculant le groupe qui soutenait Sid Ahmed et le malade ne put retenir un sourd gémissement. En titubant il lui fallut rentrer, les deux hommes l'étendirent et El Hassen s'assit près de la natte; mais son compagnon prit congé. Comme il allait sortir, Aïchatou lui demanda une cartouche pour se faire les yeux; elle avait perdu son stylet à koheul; le guerrier, non sans fatuité, s'accroupit devant elle, fouillant longuement sa poche à munition; elle le remercia d'un sourire plein de coquetterie: « Je te la rendrai demain, Ouèné », dit-elle en frottant contre l'antimoine la pointe de la balle de cuivre.

⁂

La tente abattue était pliée autour des longs mâts de bois léger, prête à être jetée sur le dos d'une chamelle. Aidée d'Ali O. Ouadad qu'on appelait Ouèné, Aïchatou, la robe légèrement troussée et serrée sous les seins, s'affairait autour de son chameau. Elle avait fixé les sacs de cuir triangulaires sur les flancs de la monture et posé sur leur surface à peu près plane le palanquin de bois travaillé ; elle y épinglait avec des épines un grand morceau de toile blanche qui clorait l'alcôve ambulante. A quelques pas, Sid Ahmed, étendu à même le sable, regardait El Hassen et Mbarka charger sur un animal plus jeune d'insuffisants bagages qui n'étofferaient pas assez la couche où l'infirme devait prendre place. La bête, mal dressée, se relevait parfois sur trois pattes, le genou droit pris dans la forte entrave; il fallait la barraquer de nouveau en tenant d'une main le bagage; tandis que Mbarka, sans s'apercevoir de combien elle irritait Aïchatou, déplorait la mort de la Khessara. « Une si belle bête! », soupirait-elle, et, se parlant à elle-même comme font les vieilles gens, elle vouait à Satan le Lapidé cet imbécile d'El Harr qui ne savait même pas faire adopter un petit à une chamelle et qui ruinait ses maîtres. Son irritation de bien des choses se résumait dans son mépris pour le captif, son frère. Mais Sid Ahmed, conciliant, l'apaisait avec philosophie: « Dieu est le plus Grand... »

Les déplacements du campement étaient pourtant un supplice pour le malade, le mouvement du chameau réveillait cruellement ses douleurs. Mais plus encore il souffrait de voyager étendu, sur une bête de bât, comme une femme. Sid Ahmed tour à tour souhaitait mourir ou espérait la guérison. Il ne croyait plus pouvoir prétendre aux belles équipées d'autrefois, mais il se remémorait l'exemple de guides dont on parle autour du feu, qui, boiteux, borgnes ou infirmes, sont restés précieux aux chefs prudents, par leur mémoire fidèle d'itinéraires peu connus. Il acceptait la fatigue plus grande qu'imposeraient à un corps abîmé les randonnées déjà pénibles aux hommes sains et forts. Il acceptait son absence du combat où le devanceraient les jeunes hommes. Etre Le Guide lui suffirait. Même amoindri dans ses moyens, il espérait pouvoir encore faire la leçon aux jeunes pour l'endurance et les privations. Il imaginait même aisément, pour avoir précocement causé avec les vieillards auxquels le liait sa curiosité des anciennes courses, la sagesse qui se développe quand le corps s'affaisse et qui devient presque une consolation acceptable pour les tristesses du déclin. Mais s'il devait rester incapable de tenir sur une selle, d'entraver un chameau lui-même, il ne supporterait pas de deviner les conciliabules où il n'aurait pas part, d'assister aux marchés que passent les guerriers pour se pourvoir en cartouches ou en montures.

Et les retours.

La nuque appuyée sur le coussin de cuir dont le crottin desséché s'amassait en bosses irrégulières où la tête roulait, combien de fois n'avait-il imaginé déjà ces retours dont il ne serait plus. Au temps où il prenait part à presque toutes les affaires, il ne pouvait supporter le succès des opérations dont il n'avait pu être; pour éviter les razzieurs victorieux, il sellait sa monture et partait en quête de chameaux égarés...

Non, il ne pourrait quémander aux vainqueurs; lui qui avait tant donné...

Car il avait distribué, sans compter, les poignards, les cartouches, les étoffes... et aux femmes qu'il courtisait les colliers arrachés après l'amour sauvage à des vaincues doublement victimes.

Ouèné, accroupi au pied du chameau, se redressa, élevant debout sur ses épaules Aïchatou qui s'appuyait des mains contre sa monture; portée ainsi à hauteur du cou de l'animal, la jeune femme retrouva, pour y mettre le pied, sa légèreté d'enfant qu'un souci d'élégance lui faisait dissimuler dans la démarche, qui doit être maniérée. Elle grimpa sur ses bagages, puis s'assit, les jambes croisées, dans l'abri léger de son palanquin. Le mari ne pouvait reprocher au jeune homme la familiarité du service rendu. Mais ce n'est pas sans amertume que la faiblesse nous fait abandonner à d'autres les rôles qui nous appartenaient de droit. Sid Ahmed fut hissé sur sa bête maintenue la mâchoire au sol et qui se releva d'un bond avec cette vivacité inquiète des animaux encore mal mis; le malade se mordit les lèvres, il était las lui-même de s'entendre gémir. Cependant Aïchatou, penchée en avant sa baguette à la main, s'irritait d'attendre. El Hassen, conduisant la bête de Sid Ahmed par la corde rèche qui lui sciait la mâchoire inférieure, vint l'attacher à la monture de l'épouse impatiente.

Le campement presque ensemble s'ébranla vers des pâturages nouveaux. Les abris pittoresques des femmes, bien assis, tanguaient au pas des chamelles dociles à la baguette. Les plus jeunes des hommes en selle poussaient les troupeaux, tandis que les plus anciens, marchant par petits groupes pondérés, opposaient leur calme à l'inévitable brouhaha des départs. Les captives, souvent, allaient à pied, portant sur la tête leur mince bagage ou la pierre à écraser le grain.

Sid Ahmed, conduit par une femme, somnolait douloureusement au mouvement de la bête rétive qui marchait par saccades en se faisant tirer.

⁂

Un matin, tandis qu'Aïchatou à genoux, les deux mains agrippées au galet grossièrement cylindrique, écrasait sans enthousiasme, avec un souple mouvement de tout le corps, un peu d'orge sur la pierre plate légèrement inclinée, Cheik Youssef (oh, humiliation!) s'était présenté devant la tente. Sans autre motif qu'une apparente et soudaine sympathie il était venu s'asseoir auprès de Sid Ahmed. L'Hammoni pouvait maintenant faire quelques pas seul à l'aide d'une grosse canne qu'il tenait à deux mains; pourtant il reçut l'hôte en s'excusant: se lever lui demandait encore beaucoup de peine. Il ne tenait à manifester aucun empressement, mais le vieillard eut assez vite raison de son indifférence. Comme on parlait alors d'un razzi que Boukhari O. Mohammed Salem voulait conduire au Touat*, O. Loueichfat avait dit les difficultés qu'il rencontrait pour trouver des guides. Lui, dans sa jeunesse, avait pillé à Zaouiet Kounta. Avec cette complaisance un peu radoteuse des vieillards, il avait décrit les grands couloirs de l'erg Chech septentrional; l'étonnement de Sid Ahmed à savoir qu'ils étaient orientés presque plein Sud avait marqué le début d'une attention plus que polie; le malade avait mentalement suivi l'itinéraire à travers les pitons qui annoncent la fin de l'erg, il avait noté les tamarix de l'oued Messaoud et l'habituel mirage qui relève au-dessus de la sebkha le talus où s'échelonnent les palmeraies avec leurs casbahs berbères de terre rouge. O. Youssef lui avait mis la main sur la cuisse avec bonhomie, un peu ému, et lui avait dit: « Nous sommes deux anciens maintenant et les vieux guides comme nous disparaissent. » Sid Ahmed, après une seconde d'étonnement, avait accepté cette assimilation.

Depuis, Loueichfat revenait souvent s'asseoir auprès de l'infirme qui commençait à vivre de souvenirs.

Mais l'immobilité est mère de l'inquiétude et peu à peu Sid Ahmed en vint à se demander quelle était la raison profonde qui avait acheminé le vieux renard vers sa tente. Il ne niait pas que ses récentes visites eussent le naturel d'une habitude prise et comprenait que sa complaisance attentive put flatter l'ancien; mais le problème restait entier quant aux premières attentions que lui avait marquées le riche bonhomme qui n'avait pas la réputation d'être plus chaudement reconnaissant que son fils pour les services rendus.

Dans le temps que les chamelles de l'Hammoni furent pleines et que le lait se fit rare, un jour où Sid Ahmed avait déroulé sa natte hors de la tente, le vieux Reggueibi s'était approché avec un sourire plus avenant que de coutume. Il balançait confortablement ses bras courts qui faisaient onduler autour de son corps replet un double vêtement de toile ample, long à toucher le sol. En s'arrêtant, il avait passé sa main avec satisfaction sur sa tête presque chauve où s'attardait une fine mousse de cheveux gris insuffisante pour cacher une grosse loupe brune et nue. Derrière lui s'était arrêté un esclave qui conduisait une chamelle suitée en parfait état et dont le pis gonflé débordait la coupelle de sparterie impuissante à le contenir. Le vieillard s'était assis avec les phrases coutumières et avait ordonné au captif d'entraver la bête. Ce jour-là ils avaient parlé d'Ouadane. La mère de Loueichfat était une amoungrajia, il avouait sans honte cette humble ascendance parce que « le sang n'est que du père ». Sa mère avait été épousée par amour et par hasard au cours d'un razzi qui, éventé, avait dû, pour endormir la défiance, s'écarter des terrains de parcours, s'attarder dans l'Ouarane, où quelques Amoungarij chassaient. Les Amoungarij sont de Ouadane, et Loueichfat sentait, peut-être par un atavisme obscur, peut-être par l'écho lointain des contes de sa mère, une sympathie pour ce village à demi ruiné où il possédait quelques palmiers qu'il n'avait plus revus depuis l'arrivée des Nçara. Sid Ahmed de même parlait volontiers du vieux ksar et sa pensée s'y fixait d'autant plus volontiers que sa vie quotidienne demandait plus au souvenir. Peut-être le sentiment de quiétude qu'éveille la stabilité des maisons de pierre et l'ombre éternelle des palmiers tentaient-ils l'égale faiblesse du vieillard et de l'infirme. En se levant pour partir, Cheik O. Youssef avait dit: « Je te laisse la chamelle; presque toutes les bêtes qui barraquent devant la tente sont des mneha de ton beau-père, il faut que tu aies aussi les tiens. »

Et les attentions s'étaient succédées. Aïchatou s'étant plainte un certain jour de la rareté du sucre, Loueichfat lui en avait fait porter deux pains les accompagnant de la quantité de thé correspondante. Sid Ahmed se sentait revenir à l'époque où, attila du vieillard, il vivait à ses crochets, sans honte d'ailleurs, parce qu'il était libre, insouciant et fort, parce qu'il acceptait les créances avec la confiance en l'avenir qui est le capital disponible de la jeunesse. Mais aujourd'hui l'Ouled Hammoni était inquiet de se voir obligé sans retour. Pourtant sa précoce et sombre sagesse de malade lui affirmait la naïveté de tels scrupules.

Loueichfat désormais parlait à Sid Ahmed en ami; il lui montrait, avec des yeux où souriait une malice un peu cynique, les avantages que porte l'expérience et même la faiblesse; il ne songeait pas aux égards un peu humiliants que leur accordent les jeunes, mais savait expliquer combien leur outrecuidance qui les rend aveugles les rend aussi vulnérables et comment la patience vient à bout des fiertés puériles, offrant, à qui sait en jouer, aussi bien la considération que la fortune.

Sid Ahmed réfléchissait.

Si Allah et les hommes lui avaient réservé l'adversité, il était de ceux qu'elle n'écrase point. Bien au contraire. Il comprenait y avoir pris autrefois une valeur qu'il estimait alors au flux de son sang, à la joie de ses muscles, à sa calme assurance. Il lui avait fallu l'espace; il avait sellé son chameau et, sans se retourner, était parti pour le Nord. Maintenant il lui faudrait jouer du droit des faibles à tout entendre et de l'illusion vaniteuse par quoi les forts accordent gratuitement à l'esprit des malheureux l'indigence de leur corps. Il songea qu'il devrait peut-être encore seller sa bête pour de nouveaux horizons, il en accepta l'éventualité sans phrase.

TROISIEME PARTIE

Dans ces années-là une sourde inquiétude s'insinua parmi les gens du Tell et du Sahel.

Ils s'étaient très vite et très naturellement habitués à une prospérité inouïe.

Les Reggueibat avaient atteint, presque sans y penser, à l'opulence, et avaient accueilli sans étonnement l'importance politique qu'elle entraîne. Les vieillards, seuls, avaient été un peu déroutés, et leur habituelle sévérité s'était inclinée devant la génération du succès. L'autorité des hommes faits en avait grandi, les ennoblissant de responsabilités et de charges, les enrichissant d'audace.

Mais les anciens pouvaient maintenant prévoir l'heure de leur revanche. Attentifs au passé, ils notaient l'épuisement des pâturages sous le poids des troupeaux accrus. Quand les pluies étaient exactes, l'abondance du vert faisait négliger le prochain problème, mais la disparition du had qui est la ressource des années mauvaises ne pouvait plus être mise en doute. Il en faut d'immenses étendues, car les animaux arrachent plus qu'ils ne broutent les plantes jeunes trop faiblement enarcinées dans le sable meuble.

Or, les temps semblaient changés.

Si les Llgouassem, l'hiver passé, avaient encore versé le lait sur le sol, ils n'en étaient plus là. Les moutons à laine avaient péniblement regagné les ravines de la Hammada, tandis que les chameaux lentement s'acheminaient vers l'Iguidi ou le Hank à la recherche de nouveaux champs de drinn ou de had. Déjà les femmes se félicitaient d'avoir, en période d'abondance, réservé le lait en excédent pour le répandre sur le sable qu'il agglomère et dont on peut conserver les gravats, le « gares »; elles en avaient chargé leurs bêtes et les hommes prisaient maintenant ces provisions jusqu'alors dédaignées; ils en réclamaient pour teindre et couper l'eau quand le lait venait à manquer, et les moins prévoyants, ou les plus pauvres, en quêtaient auprès des tentes hospitalières.

L'été avait été dur et l'automne s'était écoulé sans qu'un jour le ciel s'obscurcît.

Certes, les animaux conservaient une forme suffisante. Ils ne présentaient plus ces bosses pyramidales et fermes qui partent des flancs, mais comptaient encore sur la réserve d'une gibosité respectable.

Un temps d'épreuve serait facilement supporté.

Mais les plus sages savaient que les années mauvaises vont par séries et les lettrés appuyaient les leçons de leur expérience par l'histoire du Pharaon.

Secrètement l'on commençait à douter que le bonheur des derniers pillages eut été simplement bénédiction du ciel. Certes, razzier les musulmans qui, de Tombouctou à l'Océan, s'étaient soumis aux nouvelles autorités infidèles, avait été déclaré œuvre pie par les Ma el Aïnin. Ils avaient même accordé le caractère de « guerre sainte » aux opérations dont s'étaient peu à peu enrichis les troupeaux de la Seguia et du Zemmour, aux dépens de l'Adrar, de l'Azaouad et du Hodh. Mais les voyageurs prétendaient que les nouveaux maîtres du Sud réussissaient à interdire aux Maures de la steppe toutes contre-razzia et même les ambassades qui, jadis, négociaient des rachats en échange d'alliances toujours utiles. Devant l'invraisemblable apathie d'adversaires autrefois redoutables il eût peut-être fallu les en croire. Mais on avait longtemps préféré à cette explication l'intervention du surnaturel, échappant ainsi à ce que présentait de troublant la mystérieuse et croissante autorité des Nçara.

L'Habib O. Billal n'était pas dupe de l'illusion dont continuait à se bercer la majorité de ses gens. Il comprenait combien étaient liées les questions de pâturages et la situation politique des lointaines régions, il se préoccupait de rumeurs inquiétantes.

Les détachements de Chamba, groupés dans l'Est lointain et mystérieux par d'autres Nçara que d'aucuns disaient parents de ceux du Sud, séjournaient désormais fréquemment dans le Menakeb. De là les méharistes arabes pouvaient atteindre aisément des terrains de parcours, jadis familiers aux Llgouassem. Depuis quelques années, les gens de l'Habib, préoccupés plus ou moins consciemment de pâturages moins accessibles à l'ennemi, en avaient négligé les puits. Ils ne les avaient pourtant pas quittés sans espoir de retour. Et, maintenant, alors précisément que la menace devenait réelle, il leur fallait compter sur les réserves qu'ils avaient jadis abandonnées sans raisons impérieuses. L'hiver précédent les Chamba avaient poussé jusqu'aux abords même de Tindouf.

Oui, l'opulence était trompeuse. En dépit d'apparentes victoires l'étreinte des infidèles semblait se resserrer et sa menace s'accroissait des besoins nouveaux, nés de la prospérité autant que de la paix intérieure.

Dans les conversations de la Djemaâ, El Habib parlait peu. C'était un homme encore jeune, mais qu'un grand calme naturel, souligné par une lenteur voulue, soignée, avait enveloppé d'un incontestable prestige. Il avait contribué pour beaucoup à maintenir les Llgouassem dans une sagesse avantageuse lorsque la prédication des Ma el Aïnin avait enflammé le Sahara à des fins plus ambitieuses que sacrées (1). Il savait promettre pour s'excuser et y réussissait sans cynisme, il ne demandait pas, afin qu'on lui offrît, et se taisait pour entendre: c'était un chef. Ses phrases commençaient souvent par « Billal disait... », puis, respectueusement couvert de l'autorité de son père, il émettait des avis d'une originalité intelligente. On disait qu'il avait juré sur le Koran de ne jamais voir un Naçrani, mais il avait écrit en secret aux autorités de l'Adrar, non sans fierté d'ailleurs, pour leur apprendre qu'il était un grand chef et les tenait à peu près pour ses pairs.

(1) La prise de Marrakech en 1912.

Convaincu qu'il faut, en diplomatie comme au combat, se réserver l'initiative, El Habib songeait même à faire plus.

Mais pour traiter, il lui fallait l'appui de l'assemblée des notables, donc aiguiller l'opinion. Il en attendait l'occasion avec patience, sûr de la rencontrer et de la saisir, car il était homme à la trouver aussi bien dans le bonheur que dans l'adversité. Il savait risquer pour obtenir et l'on répétait que, malgré sa modeste fortune, il n'hésitait pas à couper le tendon d'une chamelle afin d'en honorer l'hôte qui pût un jour être utile.

Au milieu de l'hiver, des nouvelles alarmantes coururent les campements. Des Tadjakant, qui font individuellement le commerce de Tombouctou au Tafilalet ou à Tindouf, avaient rapporté que les Chamba voulaient parcourir le Hank. Presque en même temps on avait appris par le Zemmour que les Nçara d'Adrar voulaient atteindre Bir-Zreigat. Bientôt ces nouvelles s'étaient confirmées par celle que deux partis avaient quitté l'un Atar, l'autre Tabelbala.

Les événements semblaient devancer l'Habib. Les campements, déjà parvenus fort avant dans l'Iguidi, s'écartèrent des points d'eau, prêts à refluer vers le Nord, et se couvrirent par des patrouilles attentives.

L'assemblée décida d'envoyer des observateurs vers les itinéraires présumés des Nçara. Chaque tente dut payer une quote-part importante pour la rémunération des hommes chargés de ce rôle délicat. Les chefs des deux reconnaissances de l'Est et du Sud reçurent double indemnité: il les fallait très avertis, très prudents, et pleins d'audace. Sid Ahmed, pressenti pour conduire celle du Sud, accepta.

Grâce à ces précautions, l'on n'ignora rien dans les campements Llgouassem des étapes de l'adversaire*. Les détachements nçara de Tabelbala et d'Atar, suivis jour par jour, firent leur jonction à El-Mzerreb sans rencontrer personne; puis, sans perdre de temps, repartirent chacun vers leur base, marchant très vite, avec une inquiétude, qu'on avait partagée dans les tentes et qui, pourtant, y fit sourire.

Sid Ahmed remporta là son premier succès depuis sa triste déchéance.

Des renseignements complets furent obtenus d'une patrouille de cinq ou six goumiers que les Nçara envoyèrent sur les traces d'un petit rezzou rentrant du Soudan. Ce groupe, arrivé dans un campement Ahel Brahim O Daoud, n'avait pas rejoint le détachement d'Atar qui, pressé par le manque d'eau et de vivres, l'avait abandonné à sa malchance. On avait épargné le guide, regueibi du Sahel, pour sa parenté lointaine, et l'un des hommes d'Adrar dont on avait pu tirer quelques renseignements utiles.

L'Habib O. Billal avait triomphé de cette aubaine.

Désormais, fort de sa documentation récente, le chef Ilgouassem faisait patiemment le siège de son assemblée. En politique avisé il s'entretenait avec les uns et les autres disant que les Llgouassem et les Franci étaient deux grandes et riches tribus, qu'il convenait qu'elles entrassent en relation par des traités bilatéraux qui détermineraient leurs rapports et leurs zones d'influence. Sa sagesse éprouvée convainquait sans grand'peine ses auditeurs. Mais il se lassait de retrouver chez les notables rassemblés l'opposition têtue qu'il avait su réduire dans les conversations privées. C'est le constant étonnement des dialecticiens habiles, que de se voir opposer, alors qu'ils croient tenir la victoire, l'argument brutal du mépris des conclusions logiques. L'opposition était irréductible, étant sans argument. L'action secrète d'Hamdi, qui, en soldat, ne s'embarrassait pas de raisons, mais jouait du prestige, triompha dans la concession de l'Habib qui, abandonnant l'idée d'une députation officielle, proposa d'envoyer un observateur en Adrar. L'émissaire se présenterait aux Nçara si les circonstances étaient favorables et, facile à désavouer, il n'engagerait que dans la mesure où l'Assemblée accepterait qu'on s'engageât.

Sid Ahmed souffrait de son amoindrissement à l'occasion de ces palabres. Autrefois, gendre d'Hamdi, razzieur notoire, guide heureux, il n'eût manqué d'avoir sa part dans les conversations importantes...

Maintenant, personne ne songeait plus à provoquer son avis. Par sa faute peut-être, car l'autorité comme le prestige demande pour s'imposer un effort conscient, une volonté dominatrice, même de l'homme le plus admiré; or, Sid Ahmed, le bossu, s'il se rendait encore aux réunions de l'Assemblée, se tenait au bord de la tente, en arrière du premier rang des notables, par une timidité nouvelle qu'il ne réussissait pas à vaincre.

Son opération en flanquement du rezzou des Nçara avait été sa première vraie sortie depuis vingt mois, depuis sa disgrâce, et sa fatigue, disproportionnée à l'effort fourni, lui avait montré la vanité de son espoir, timidement nourri, de reprendre un jour les grandes courses de naguère. Hamdi ne se tournait plus vers lui en parlant comme pour solliciter son témoignage. Il n'était plus celui auprès duquel intriguaient les jouvenceaux pour être admis dans une expédition prochaine. Il était « le bossu » qui marchait à petits pas rapides les mains derrière le dos pour éviter que ses bras trop longs ne les balancent au ras du sol, qui, pour parler aux gens, devait lever la tête en la tournant de côté comme certains oiseaux du Sud. Pourtant il avait peu à peu recouvré son énergie et sa valeur; mais, loin d'y chercher une satisfaction, il y trouvait une impatience plus grande devant les insuffisances de son corps déplorable.

Aïchatou avait peu à peu déserté sa tente. Elle passait chez sa mère de longues heures, parfois même des nuits entières, et Sid Ahmed restait seul à rêver ou à s'occuper de quelques travaux manuels. Un jour qu'assis sur sa natte solitaire, il assouplissait une entrave de peau verte qu'il échangerait, comme à regret, contre un objet d'utilité plus immédiate, car la gêne était désormais sous la tente, Cheik Youssef était venu mystérieusement s'asseoir auprès de lui. Depuis sa guérison, le vieillard n'avait cessé de lui marquer la sollicitude qu'il avait montrée dans les jours sombres; mais Sid Ahmed allant et venant, ils ne se voyaient qu'au hasard des rencontres, et les visites de Loueichfat avaient perdu leur caractère d'habitude. Ce jour-là, s'étant assis et ayant longuement répété les formules d'usage, le vieux Reggueibi s'inclina, une main au sol, pour s'assurer d'un regard circulaire sous les bords de la tente qu'aucune oreille indiscrète ne pouvait l'entendre; rassuré, il se rapprocha de Sid Ahmed et à voix basse parla:

— Ecoute... (il fit une pause) ... les jeunes gens sont stupides et les vieux souvent obtus.

L'Assemblée ne veut pas envoyer d'ambassade aux Nçara et, pourtant, si nous ne jouons au plus fin avec eux, ils nous gêneront. Nous ignorons leur force, mais je reçois de Ouadane des nouvelles inquiétantes.. Il faut nous lier à eux par un papier, ils ont des traités un respect bizarre... A quoi cela nous engage-t-il ? Nous promettrons de ne pas piller les gens qu'ils protègent, en échange ils nous abandonneront des pâturages qui pourront nous servir quelque jour, et, quant à nos promesses..., les serments faits aux infidèles n'engagent personne. Au reste, Allah est le plus grand. »

O. Youssef avait parlé lentement, les yeux baissés, soulignant ses arguments de son doigt posé sur le sable. Il leva la tête et reprit:

— Mais les vieillards ne veulent pas d'ambassade. Nous voulons donc envoyer un homme.

Il s'était remis à tracer des lignes sur le sable devant lui.

— Un homme qui soit quelqu'un. Et comment le faire parvenir jusqu'en Adrar ? Les gens du Sahel nous offrent leur médiation, mais nous ne voulons pas de protecteurs.

Il s'était tu, guettant la suggestion qu'il attendait.

Sid Ahmed n'était pas subtil, mais il n'était pas non plus une bête:

— Il faudrait un homme auquel ils n'aient rien à reprocher, dit-il.

— Les Nçara aiment la bravoure.

— Mais qui l'aime à ses dépens?...

— Ils ont repris à leur service leurs anciens ennemis.

— Et tu crois que les Kedadra auraient assez de crédit pour servir d'introducteurs ?

— Ils sont valeureux; ils restent avec nous en assez bons termes. N'ont-ils pas des cousins chez les « Musulmans » ? Ils servent aux Nçara d'informateurs et de guides aussi bien qu'à nous-mêmes; les Nçara comptent sur eux.

Il y eut un silence, car les objections étaient vaines; les réponses étaient évidentes pour deux hommes aussi avertis que Loueichfat et Sid Ahmed des choses du désert.

— Le prix du service sera considérable, dit enfin le Gasmi, on parle d'une pièce de guinée et d'un pain de sucre par tente.

— Je n'ai plus que faire des richesses.

Et il était vrai que les femmes ne tentaient plus l'ancien razzieur.

— Mais il est difficile d'oublier qu'on parlait de nous!

Les arguments ne servent qu'à en suggérer d'autres; Sid Ahmed songeait que rien ne le retenait plus au campement, que depuis dix ans il n'avait pas revu ceux qui l'avaient élevé. La curiosité de gens nouveaux, une nostalgie, jusqu'alors insoupçonnée, du pays de son enfance, l'éternel besoin de partir, d'incertains et subtils sentiments, se groupaient pour faire masse.

— Peut-être, dit-il.

Alors O. Youssef se leva, sachant qu'il convient de ne jamais rien presser, que les bonnes raisons mûrissent seules; fort apte d'ailleurs à comprendre, même chez un autre, l'adresse de se faire désirer.

Les moindres décisions sont longues à prendre chez les grands nomades, parce qu'ils sont des hommes libres, méprisant l'autorité matérielle et qu'il faut les convaincre. Nul ne s'en plaint, car les discussions les plus longues sont les plus passionnantes et la hâte apporte trop tôt les regrets dont toute solution s'accompagne.

On discuta sur la rémunération du service, sur l'achat d'une monture, sur la préparation des vivres de route, sur l'opportunité d'accompagner le voyageur, sur les délais de payement; on négocia l'achat de vêtements décents pour un ambassadeur...

Les modalités d'accomplissement de la mission, par contre, furent laissées au hasard. Sid Ahmed reçut un écrit tracé au verso encore vierge d'une page jaunie des commentaires de Sidi Khalil ; il y était énoncé de longues et suaves salutations, l'Hammoni y était accrédité en bons et dus termes, quelques généralités laissaient entendre qu'on traiterait volontiers sur des points à débattre, enfin on y demandait quelques feuilles de papier blanc pour la commodité et le développement des relations futures, ce point surtout semblait d'importance et soulignait la solidité des intentions d'alliance.

La veille du départ, O. Youssef, avec des allures mystérieuses, s'en vint une fois encore jusqu'à la tente de Sidi Ahmed. La main sur la cuisse du bossu attentif, le vieillard, cette fois, s'occupa de ses propres affaires. Il fallait que Sid Ahmed fît ressortir les attaches du vieux bandit avec l'Adrar. Il indiquerait sa lassitude d'une paix incertaine, son désir d'entrer en relation avec ceux dont l'autorité s'étendait sur le pays des palmeraies. Il irait jusqu'à offrir la soumission secrète du plus riche des Ligouassem qui s'engageait à payer deux chameaux l'an moyennant quoi il serait autorisé, dès que les circonstances le rendraient possible, à faire sa saison au village où il avait des biens. Les Nçara n'oublieraient pas son influence dans l'Assemblée et qu'il pouvait leur être utile. Dénouant un coin de son écharpe, le subtil vieillard en avait retiré un pli minuscule; c'était, écrit sur du papier de pains de sucre, une recommandation pour le porteur et des salutations peu compromettantes. Pour les soins apportés à cette mission particulière, Sid Ahmed recevrait cinq palmiers à valoir sur les jardins de Ouadane.

Enfin le messager partit. Deux jeunes gens devaient l'accompagner jusqu'à la lisière du Makteir où les Kedadra chassent fréquemment les antilopes oryx ; de là, Sid Ahmed s'en irait à la grâce de Dieu et de sa connaissance éprouvée des gens qu'il devait atteindre. Il emportait dans son sac à bagages deux amples vêtements neufs et brillants d'apprêt, quelques poignées de farine d'orge et, pendue à sa selle, une outre à poils ras pleine de lait aigre ; au cœur la fierté d'avoir retrouvé une passagère importance.

*
**

Sid Ahmed n'avait pas étrenné ses vêtements neufs. Les tentes des Kedara sont généralement miteuses; ils affectionnent les courtes tuniques de coton soudanais et gardent même une fidélité d'occasion aux sayons en peau de gazelle; ils sont riches pourtant, n'ayant jamais à souffrir de la faim; mais ils ont, des castes tributaires, l'appréhension de ce qui trahit l'aisance et, des chasseurs, celle d'être étroitement attachés à quelque chose de moins mobile qu'un homme le fusil à l'épaule courant derrière des troupeaux insaisissables. Sid Ahmed n'avait pas envie d'étonner. D'ailleurs il retrouvait avec goût le milieu de son enfance, ses simplicités, la viande abondante et les minutieux comptes rendus de chasse que font, le soir, à leur rentrée, ceux qui ont battu la campagne. Mais pourtant Sid Ahmed comptait les jours. Ali ne devait plus tarder.

O. Baba avait voulu se rendre lui-même au chef-lieu pour conduire avec les « Franci » les négociations que sa responsabilité d'hôte ne pouvait abandonner au hasard.

Avant son départ, il avait longuement causé avec le messager. On avait décidé que le chef kediri parlerait d'abord de pisteurs Ilgouassem descendus jusque dans le Makteir à la suite de chameaux égarés; puis, se coupant savamment, il embrouillerait son histoire et, pour en sortir, dirait que les gens du Tell lui semblaient disposés à entrer en relation. Il surveillerait alors le visage du commandant du cercle, laisserait plus ou moins entendre qu'on lui annonçait un envoyé, demanderait des instructions pour le recevoir. Quand il aurait la conviction de pouvoir se livrer, il nommerait l'homme annoncé, insistant sur son passé de guerre, sur son assagissement, ferait ressortir que l'accident dont il avait été victime était la meilleure garantie de sa sincérité, bref, s'il était opportun, finirait par avouer que le messager était arrivé à sa propre tente depuis son départ.

Sid Ahmed, d'après ce qu'il avait appris au campement de la politique des Nçara, augurait bien de cette prudente et progressive franchise. Son ancienne haine pour les envahisseurs s'était déjà atténuée quand il les avait eus pour adversaires, car de ce jour, par le souci d'exalter ses victoires et d'excuser ses défaites, il avait à leur égard répudié le mépris. Maintenant qu'il savait leurs efforts politiques, leur générosité en cartouches vis-à-vis de ses hôtes, il était acquis à une curiosité impartiale qui lui enlevait toute appréhension à paraître devant eux. D'ailleurs, qu'appréhender ? N'était-il pas personnage diplomatique, intangible, sacré ? Il y a des tabous devant lesquels l'idée même de la trahison s'arrête.

Le dixième jour Ali revint, il avait doublé les étapes.

Ce retour fut pour le campement un événement considérable, il y eut grandes réunions et Sid Ahmed de nouveau se sentit agréablement le centre des commentaires.

*
**

Rien n'étonne un grand nomade. Sid Ahmed n'avoua pas son émerveillement des maisons d'Atar dont il ne remarquait d'ailleurs pas la régularité et qui l'étonnaient surtout par leur nombre, l'état de leur crépissage d'argile et parfois la hauteur des plus élevées qui atteignent jusqu'à sept et huit tailles d'homme. Au cours du voyage il avait senti se réveiller et préciser peu à peu ce que sa cervelle de guide avait souvent tourné et retourné de ses souvenirs d'enfance. Il l'avait noté à haute voix. En atteignant la palmeraie d'Amder, il avait désigné au loin la passe de Toueresrest et avait complaisamment confirmé ce qu'Ali O. Baba savait de l'affaire au cours de laquelle il avait échappé aux Sémacides; Ali d'ailleurs l'avait payé de retour, lui contant ce qu'il en ignorait. Leurs rapports pendant la marche avaient été des plus naturels.

En entrant sur la place close de trois côtés par le village, le poste et les cases de l'Administration, Sid Ahmed s'était renfermé dans un mutisme qu'aidait le vertige de tant de mouvement autour de lui. Près du marché, des gens parlaient avec véhémence devant des chameaux à vendre; plus loin, des groupes assis par terre s'entretenaient mystérieusement; des négrillons couraient et des captifs poussaient des bourricots chargés d'argile. Un fou pathétique et décharné tendait vers les arrivants son bras nu dont il baisait le biceps dérisoire. Les montures d'Ali et des deux autres Kedadra qui l'accompagnaient allaient avec un calme placide tandis que celle de Sid Ahmed marchait avec irrégularité, inquiète, bien qu'encadrée par les autres, l'œil en éveil, la tête haute, tournant à droite et à gauche son long cou, sans savoir comme son maître dissimuler, devant l'étrange industrie d'une partie des hommes, son étonnement effrayé.

A quelques pas d'une maison devant laquelle se tenait debout un nègre armé, aux vêtements de couleurs voyantes, et, assis, plusieurs Maures le fusil entre les jambes, la députation fit agenouiller ses montures. Sid Ahmed, sans hâte, descendit de sa bête, tapota ses vêtements neufs pour se donner une contenance, s'avança lentement, courbé en deux, les mains derrière le dos, comme à l'accoutumée, mais tenant son fusil dans la main gauche et son poignet gauche dans sa main droite, pour pouvoir répondre à celles qui se tendraient. Il était bossu, cassé, mais il y avait dans ses yeux une belle flamme. On le connaissait en Adrar et c'était pour lui un jour de triomphe.

Les Maures s'étaient levés, son nom courut parmi eux et un gaillard plein d'aisance, ayant salué Ali d'un air protecteur, s'avança vers lui la main tendue:

— Es salam aleikoum, ô mon cousin...

C'était O. Kerkoub, le meilleur guerrier des Oulad Hammoni.

Rien n'étonne un grand nomade. Sid Ahmed trouva seulement étrangement rouges et curieusement affairés les quelques Nçara qui passaient, chargés de livres, et qu'on saluait sans conviction. Un groupe important de gens attentifs à se nommer et feignant de le connaître s'était formé autour de lui. Tandis qu'il répondait avec calme à l'empressement fait de curiosité, d'estime et peut-être de sympathie, le chef parut. Aussitôt l'esclave armé qui n'avait pas quitté sa place fit sauter son fusil à son bras et se figea dans une attitude que Sid Ahmed estima plutôt ridicule.

Le chef était petit, gros, il avait une tête épaisse et portait des lunettes comme un vieux marabout, pèlerin de La Mecque, que Sid Ahmed avait vu chez les Ahel Abd el Haï et dont son étonnement s'était toujours souvenu. Mais sous les verres Sid Ahmed avait aussitôt noté un regard étrangement astucieux et il ne s'étonna pas que cet homme sans prestige extérieur manifestât une autorité évidente. Devant lui les gens s'étaient écartés avec une attitude respectueuse.

Il tendit la main droite à l'envoyé des Llgouassem en prononçant avec naturel, mais non sans un accent étrange : « Es salam aleikoum », puis, posant sa main gauche sur l'épaule de Sid Ahmed, il lui avait indiqué d'avancer vers la porte de la maison.

Les nouveaux arrivants y avaient pénétré, et Sid Ahmed, à l'imitation des autres, avait, non sans regret, laissé son fusil à la porte d'une pièce où il était entré d'un air aussi naturel que possible. Cette pièce était occupée au fond par une estrade où l'abondance des papiers était merveille; le chef s'était assis derrière, mais non point sur le sol, sur une sorte de selle métallique; pareillement l'interprète sur une de ces étranges machines; mais Sid Ahmed avait pu décemment s'asseoir par terre à même les tapis qui, du moins, lui étaient familiers.

D'abord le Naçrani avait longuement parlé tout seul et Sid Ahmed n'avait su sa courtoisie que lorsque l'interprète lui avait traduit les paroles qui disaient la bienvenue, l'estime en laquelle les Nçara tiennent la franche bravoure, mais aussi les bienfaits de la paix. Le chef blanc s'était enquis de l'état de santé de l'Habib O. Billal et Sid Ahmed s'était étonné quand, sans même attendre la traduction de l'interprète, le Naçrani avait accueilli sa réponse par un pieux: «El hamdoulillahi»*. Le chef avait ensuite vanté le bon office des Kedadra, supposé l'émotion qu'avait dû éprouver Sid Ahmed à se retrouver, après tant d'années, parmi les siens. Ne souhaitait-il pas y résider? L'interprète ayant parlé de lui-même, Sid Ahmed avait compris aux mots de « Kediri » et d' « Hammoni » qu'il précisait un point de généalogie ignoré du Naçrani. Sid Ahmed évidemment était son hôte; et le chef avait ajouté en riant qu'il ne craignît rien, qu'on ne lui ferait manger que des choses tout à fait licites*... Enfin, remettant à plus tard les questions sérieuses, inquiet de la fatigue du voyage, le Naçrani s'était levé, confiant l'envoyé de l'Habib à l'interprète dont la maison serait la sienne pour tout le temps de son séjour. Cet interprète était un noir, mais aux manières parfaites, il parlait maure avec élégance et un léger accent.

Le groupe des femmes s'éloignait, assistant avec des indignations vertueuses Aïchatou demi-nue qui se refusait à ramener autour d'elle son voile déchiré et dont les imprécations se ponctuaient de « Oueli! Oueli! » suraigus. Les hommes entraînaient Ouèné qui avait voulu intervenir, avec plus de générosité que de tact. Sid Ahmed resta seul auprès de la tente abattue, assis, son fusil entre les jambes. Sombre et désespéré, il réfléchissait. Immensément l'envahissait le désir de s'évader, de n'avoir plus rien à soi qu'un fusil, une guerba et un mehari familier. Il sentait l'opinion contre lui. L'opinion est femme, la logique lui est indifférente et elle tient son caprice pour la seule raison. Depuis son court triomphe Sid Ahmed n'avait plus goûté que des déboires. S'il n'y a de souffrances que celles dont on se fait l'aveu, la déception qui est l'aveu même peut apporter les plus cruelles. Comme un homme alerté par un grognement de sa monture entravée au pâturage, qui se dresse devant son feu le fusil à la main pour scruter la nuit, la trouve plus sombre que de coutume, Sid Ahmed, revenu d'Adrar, avait trouvé sa médiocrité plus insupportable. Les relations établies s'étaient bientôt limitées à l'échange d'un traité par lequel les Llgouassem promettaient de renseigner les autorités d'Atar sur les mouvements des rezzou, moyennant quoi ils étaient reconnus pour « étrangers amis ». Le traité spécifiait que les gens au service des Nçara ne pouvaient en aucun cas pénétrer dans les campements llgouassem sans être accompagnés d'un blanc et sans être porteurs d'un ordre de mission émanant du chef-lieu. Il promettait également qu'il serait demandé aux Chamba venus du pays d'Alger de respecter les campements des Reggueibat du Tell. Forts de ces clauses avantageuses et des sept ou huit cents kilomètres qui, le plus souvent, les séparaient de l'Adrar, les Llgouassem avaient retrouvé avec plus de confiance leur bel isolement.

Sid Ahmed était devenu inutile et Loueichfat attendait quelque bon vent pour tirer tout son avantage de la position qu'il avait su se ménager.

Le messager, qu'O. Kerkoub avait appelé «mon cousin », s'était remis à travailler des peaux pour faire des entraves ou des cordes croupières; il y employait la technique des Nemadi et, son industrie en étant prisée, il lui était devenu difficile de se borner à une vente déguisée; Aïchatou s'en humiliait, elle réagissait en affectant de plus en plus l'aristocratique paresse et, à la demande du moindre service, répondait: « Suis-je donc une captive pour travailler? »

Elle faisait mieux, et, Sid Ahmed qui avait toléré un temps sa bienveillance pour Ouèné, ne s'était décidé à faire un éclat que lorsque l'impudence avait dépassé ce que peut tolérer même un bossu faiseur de cordes.

Sur la pente de l'humiliation, Sid Ahmed, fort d'une première violence, comprit qu'il fallait s'arrêter brutalement pour éviter la glissade jusqu'à l'abject. Il se leva, regarda sa tente abattue, balaya lentement d'un circulaire regard, lourd de reproches et de mépris, les tentes auprès desquelles de minces colonnes de fumée bleue montaient dans le matin calme, puis, courbé, bossu, malheureux, il s'en alla du côté de Loueichfat.

Chedad, quand il arriva, sortait de la tente; il ne répondit pas au salut de son ancien sauveur, feignant de ne pas le voir; mais le vieux l'accueillit. Le cynisme absolu n'existe guère, O. Youssef s'était, en quelque chose, laissé prendre à son propre jeu: « Nous sommes deux anciens », avait-il dit, et cette parenté réelle l'avait engagé malgré lui; il y a d'égoïstes attachements. Le vieillard approuva le projet de Sid Ahmed, il lui donna délégation pour s'occuper des palmiers depuis trop longtemps sans soins et s'entretint avec un intérêt attendri des lieux que lui-même espérait revoir. Complices. ils ne se demandèrent pas le secret; c'était désormais précaution inutile.

Le lendemain des démarches furent entreprises auprès d'Hamdi; sous sa tente les avocats de Sid Ahmed traitèrent les conditions du retour d'Aïchatou. Leur client reconnaissait ses torts et se disait disposé à indemniser sa femme pour l'avoir battue. Ils n'abordaient pas le sujet de l'infidélité, que Sid Ahmed leur avait défendu, et les beaux-parents, surpris de cette naïveté, exagéraient leurs exigences. Fatimatou cajolait théâtralement sa pauvre fille, martyrisée par un brutal; elle prétendait montrer les traces des coups, inconvenance dont la retenait Hamdi, sévère, mais qui restait digne. Seulement les envoyés avaient aussi leur point d'honneur et ils discutaient âprement, disant avec raison que les femmes font toujours plus de bruit qu'elles n'ont de mal et soutenant avec des témoignages à l'appui qu'Aïchatou avait elle-même déchiré ses vêtements et rompu ses colliers; il y a un rituel dans les querelles de ménage. Bref, on se mit d'accord; en fin de compte, Sid Ahmed donnait à la fille de Fatimatou la seule chamelle qu'il possédât et le dernier tiers de la tente qui lui appartînt encore. L'épouse rentrerait le soir même. La tente fut remontée par Mbarka qui se fit aider de quelques femmes, et Aïchatou, très digne, réintégra le domicile conjugal. Loueichfat n'y comprit rien.

Deux jours se passèrent, puis Sid Ahmed pria le Cadi de venir jusque chez lui, il avait réuni des témoins et, ayant promis à l'homme de loi une récompense importante, il obtint de se faire attribuer un quart de feuille de ce papier qu'avaient envoyé les Nçara. On fit passer une grande écuelle de lait aigre coupé d'eau et le cadi, devant l'assistance intriguée, sa planchette sur les genoux, trempa soigneusement dans sa bouteille minuscule sa plume de paille sèche.

— Ecris, dit le bossu : « Bismallah errahman errahim... » Le lettré fit décrire à son kelam quelques boucles préparatoires au-dessus de son papier, puis, avec application, transcrivit la formule pieuse.

— Ecris encore, dit le bossu : « Je répudie Aïchatou bent Hamdi, je la répudie et je la répudie... » (il répéta trois fois la formule pour rendre sa décision légalement irrévocable) «... et j'abandonne la dot qui est entièrement payée. »

La stupéfaction des témoins se traduisit en exclamations « lallaali! »; le bord postérieur de la tente bougea; Aïchatou, suffoquée de honte, venait de se glisser sous le lourd tissu de poils et de s'enfuir chez son père.

Alors Sid Ahmed dut s'expliquer, il le fit brièvement :

— Il y avait trop de gens qui oubliaient déjà que Sid Ahmed est généreux et fier, dit-il, le malheur n'atteint pas le cœur d'un homme.

Il était décidé à partir, mais n'avait pu résister au besoin d'être une dernière fois le point de mire de tous.

***

Tant que les Kedadra séjournèrent au Nord de la kœdia d'Idjil, Sid Ahmed se crut heureux. Sa présence signalée avait été autorisée avec bienveillance; le commandant du cercle avait fait dire au chef kediri qu'il jugeait de bonne politique d'avoir à portée un homme familiarisé avec les choses du Nord, il le verrait à Atar quand, leur mission terminée, les Kedadra redescendraient vers le Sud.

Les Kedadra avaient reçu ordre de paître au Nord de la kœdia pour donner par leur présence quelque sécurité aux caravanes qui viennent enlever les barres de sel de la sebkha d'Idjil. Cette mission se confondait avec leurs désirs, car si la région était sèche, les acacias des ravines qui dégringolent de la montagne avaient assez verdi pour offrir aux moutons à poils et aux chèvres une maigre mais suffisante pâture. Les enfants, une hache à la main, poussaient leurs troupeaux agiles vers les pentes de grès sombre et coupaient, pour les mettre à leur portée, les branches que leurs bêtes ne pouvaient atteindre; les hommes dans la montagne chassaient le mouflon.

La sebkha d'Idjil est à sept jours d'Atar, elle appartient aux Kounta et quelques Arzazirs demi-serfs et demi-clients y découvrent les planches de sel qu'ils coupent en barres commodes pour le transport. Ces Arzazir savent seuls extraire le sel et ils en tirent une importance qui dure autant que la saison. Les gens des tribus venus à la sebkha avec leurs chameaux ont pour eux des attentions de circonstance dont ils pensent tirer avantage pour voir hâter la préparation de leurs charges, et ces « tributaires », nés pour être mangés, prennent à ces égards un orgueil assez insupportable que l'autorité des Nçara rend difficile à rabattre, car les Nçara ont pour les gens qui travaillent une considération un peu vulgaire.

Les Kedadra, bien que théoriquement « tributaires » eux-mêmes, s'en chargent pourtant. Leur prestige de guerriers confirmés prend en effet tout son poids quand ils assument à eux seuls la sécurité des caravanes qui viennent à Idjil et leur adresse de chasseurs y ajoute l'indépendance et l'autorité parce qu'ils peuvent seuls fournir de viande caravaniers et Arzazir.

Parmi ces gens, qui ont aussi pour eux d'avoir longtemps résisté aux envahisseurs, Sid Ahmed, sans de trop absurdes illusions, pouvait se croire aussi libre qu'autrefois à El-Merayer. Ses expéditions de jadis lui donnaient un lustre assez neuf pour qu'il fût, parmi ses hôtes, déjà fiers, quelqu'un de notoire; il préférait avoir ce rang chez des gens rudes et humbles, mais estimés, à n'occuper qu'une position médiocre dans l'Assemblée relativement poseuse des riches Llgouassem.

La kœdia d'Idjil est un massif rocheux long de près d'une journée de marche et un peu moins large, elle s'élève brusquement à 5 ou 600 mètres au-dessus de la plaine comme n'importe lequel des humbles pitons qui donnent sa physionomie originale à la vaste région du Tires. L'intérieur du massif est très raviné, c'est un enchevêtrement de gorges aux parois abruptes, de canons et de ravins. Il s'y trouve des citernes naturelles où les mouflons et les Kedadra savent découvrir de l'eau même en été, creux de rocs réguliers comme des marmites de fées, ou étroites crevasses; il y en a qui sont couverts comme la guelta Ed-Dzol, et d'autres où l'eau des pluies, si rares, ne se conserve que quelques semaines. On dit que la kœdia cache des palmeraies introuvables et probablement enchantées; il est sûr qu'elle est habitée par des djinns. C'est là que Sid Ahmed passait de longues journées et des nuits froides. Il était maladroit à escalader les pierres, mais patient et tireur admiré. Le plus souvent il se bornait à dépecer et faire sécher la chasse d'Aouemir qu'il accompagnait de préférence, mais il savait aussi guetter le mouflon qui fuit en bondissant sur des arêtes vertigineuses et, foudroyé d'une balle, roule souvent jusqu'au fond du ravin où il faut, après lui, descendre, non sans peine.

Sid Ahmed éprouvait de nouveau les plaisirs de son adolescence. Il avait repris aisément le goût des préoccupations du chasseur et, comme il avait acquis, par son long séjour chez les Llgouassem, beaucoup de leur science, il était tenu pour de bon conseil dans le diagnostic et le soin de ces maladies parfois mystérieuses auxquelles sont sujets les dromadaires.

Il avait aussi retrouvé Lalia qui l'avait attendu un an puis s'était remariée; il l'avait revue avec plaisir.

Pourtant il se sentait parfois étranger parmi ceux qui l'avaient élevé. Certaines de leurs préoccupations lui étaient devenues indifférentes. Il scandalisait un peu par l'indépendance de ses manières, n'affectant aucune réserve spéciale devant son ex-beau-père, parlant de femmes sans songer que de proches parents l'écoutaient; il n'y pensait qu'en voyant se retirer précipitamment les plus jeunes, car les Llgouassem n'ont pas la susceptible pudeur des gens du Sud. La foi, même dans les religions les plus spirituelles, lie partie avec les mœurs et la coutume: Sid Ahmed, par de telles distractions, faisait douter de sa piété.

Quand se termina la saison du sel, les Kedadra descendirent vers le Makteir.

C'est près de Chreirik que survint l'assassinat du frère d'Ali.

Quelques tentes des Ahel Bellao, reggueibat du Sahel, occupaient la lisière de l'erg. Tekhra, parti pour Chinguetti avec deux chameaux afin de procéder aux divers achats intéressant le campement, revenait chargé de choses précieuses: cotonnades, nattes, ustensiles, brimborions que les femmes réclament sans cesse et qu'il faut bien parfois leur accorder. Il allait à petites étapes, ayant aux jambes plusieurs vers de guinée (1) et, le soir, s'arrêtait « chez les gens » pour y trouver assistance au moment de recharger ses bêtes. En toute autre circonstance il eut évité de passer la nuit chez des Reggueibat. Habitude de prudence instinctive dont il fallait savoir se départir. Au bord du Makteir il accepta l'hospitalité de trois tentes Ahel Dédi, ils sont Ahel Bellao, ce qui constitue tout de même une référence.

Le lendemain, quelqu'un qui l'avait rencontré la veille l'annonça chez les Kedadra; il n'y parut point.

A l'aube suivante, les siens, inquiets, battirent la campagne. Sid Ahmed, par une bonne habitude de pisteur, alla chercher les traces à l'origine, là où Tekhra avait été vu pour la dernière fois; il les trouva, les suivit; les Ahel Dédi avaient décampé. Sid Ahmed ne douta plus du malheur. Aucune tombe fraîche pourtant ; les meurtriers avaient dû partir la nuit même du meurtre et emporter le corps. Mais les gens du Nord s'arrêtent toujours quelques instants à l'aube. Sid Ahmed comprit. Sans perdre de temps il se mit en route et en deux heures atteignit l'endroit où les Ahel Dédi, la veille, avaient trait leurs chamelles. Son arrivée mit en fuite deux chacals;

(1) Filaire de médine.

leur présence confirma sa conviction. Sans hésiter, l'Hammoni gagna le point où le troupeau avait été parqué. Tout de suite son attention fut attirée par un objet insolite, c'était une main crispée qui sortait de terre comme pour en appeler à la vengeance. Elle était déjà demi-rongée par les bêtes dont les traces montraient les efforts pour déterrer le cadavre. Sid Ahmed ne s'était pas trompé: les meurtriers, après avoir enterré leur victime, avaient barraqué leurs chameaux sur sa tombe pour en effacer la trace.*

Dès que l'on connut ces détails au campement kedadra, les frères d'Ali sautèrent sur leurs méhara; à eux trois ils suffiraient, les tentes qui avaient fui vers le Nord ne comptant que trois hommes.

Ali, avec quelques compagnons, se porta au campement de Mohamed el Najem, le chef des Ahel Bellao.

C'est là que pour la première fois Sid Ahmed prit contact avec les méharistes des Nçara.

A une centaine de pas du campement d'O. Najem une tente avait été dressée pour des hôtes; autour se trahissait un certain mouvement et, non loin, paissaient des méhara portant le feu du Maghzen. De plus près on reconnut des goumiers; un Naçrani était avec eux; habillé comme ses hommes, on l'en distinguait mal; Ali le nomma d'un nom barbare et sans nommer son père.

Averti du meurtre, l'officier était arrivé en hâte pour empêcher un règlement expéditif entre Ahel Bellao et Kedadra. Il accueillit Ali avec bienveillance et lui apprit qu'O. Najem déplorait l'affaire; il avait promis de payer largement le prix du sang et abandonnait les meurtriers à leur sort. Le Naçrani parlait maure assez couramment; Sid Ahmed, qui d'abord l'entendait mal à cause d'un accent étrange, l'écoutait avec curiosité, bientôt il le comprit mieux et s'en étonna fort. Le calme de l'étranger, bien qu'assez facile, tempéra un peu l'exaltation des Kedadra qui, plus tôt, parlaient de couper les oreilles à tout le monde. Il fut admis qu'on attendrait, pour traiter l'affaire, le retour des trois poursuivants, car l'issue de leur intervention modifierait les conditions de la conférence.

On resta deux jours assis par terre autour de la tente.

De temps en temps l'officier allait converser avec O. Najem qui, malade, ne sortait pas de chez lui. Les esclaves apportaient sur de larges plateaux en sparterie de compacts morceaux de chameau, rôtis dans le sable, et l'on parlait des affaires semblables qui, dans le passé, avaient défrayé la chronique longtemps encore après s'être conclues, parfois de façon sanglante. Le Naçrani passait des heures le nez sur un livre, il lisait sans qu'on entendît rien et même sans remuer les lèvres.

Le troisième jour quelques coups de fusil retentirent et au grand trot Mohamed O. Baba apparut brandissant son fusil. Les Reggueibat, humiliés malgré leur sentiment de la justice, restèrent ostensiblement indifférents. Le méhariste fit voleter son méhari, le poussa vers le groupe des siens, et, sans se préoccuper de répondre à personne de ceux qui le pressaient de questions, se contenta pour tout compte rendu de se passer la main sur le visage en disant : « Nous les avons fait ça... » On l'eût compris d'un bout à l'autre de l'Islam. Puis ayant barraqué son chameau, il mit pied à terre et, accompagné d'Ali, se porta auprès du Naçrani. S'accroupissant, son fusil entre les jambes, il murmura les phrases de politesse sans écouter les réponses, puis enfin commença :

— Rien à signaler, non, non, rien... Nous sommes partis, les traces étaient claires, trois tentes, une trentaine de chameaux; ils marchaient vite, nous avons suivi; bon. La nuit arrive, on n'y voyait rien, nous pistons à pied pour ne pas perdre les traces... Ces « infidèles » ne s'étaient pas arrêtés. Ils nous voient. Nous crions que nous sommes des goumiers déserteurs, mais quand nous approchons les hommes nous reconnaissent et l'un d'eux tire sur nous; Abdallahi répond, mais il ne peut extraire son étui et reste désarmé. Mokhtar et moi tirons quelques cartouches et le feu cesse. Deux des Ahel Dedi étaient morts, l'autre avait ses entrailles par terre. Nous l'avons abandonné aux femmes avec une demi-guerba d'eau, deux chameaux pas dressés; nous ramenons le troupeau.

— Où est-il ?

— Il arrive.

Les Kedadra triomphaient avec autant de joie que le permettait leur deuil.

Le Naçrani s'en fut sous la tente du Najem lui faire part de l'issue de l'affaire. Le chef Ahel Bellao est un diplomate accompli; sa maladie, qui devait deux mois plus tard le rendre à peu près fou pour quelques années, ajoutait alors à l'habituel prestige de son calme. Avec une sagesse consommée il sut applaudir à cette solution juste et expéditive:

— « El hamdoulillah! », dit-il sur le ton d'une détente réelle, c'est payé.

L'officier comprit-il à cette conclusion trop accommodante que le plus important était remis à plus tard, comme il convient ? Ali l'ayant pris à part, le lui fit entendre.

L'important, c'est toujours, dans tous les cas: le troupeau. Les Kedadra soutenaient la thèse que la fuite des Ahel Dedi les classait ennemis et que leurs biens étaient de bonne prise. L'Assemblée du campement reggueibat poussa d'abord des cris. Mais Mohammed el Najem avec une incontestable maîtrise l'accorda sans difficulté. Sid Ahmed, voyant l'officier s'en réjouir, le trouva d'une naïveté décisive, car rien n'était réglé par cette acceptation de principe.

Quand les deux Kedadra, restés en arrière, arrivèrent poussant leurs prises, l'Ahel Bellao proposa de faire le tri sans tarder, il s'agissait de séparer les chameaux de « mneha » qui appartiennent aux familles des femmes de ceux des Ahel Dedi, « très pauvres d'ailleurs », fit-il remarquer dès l'abord. Une fois de plus jouait le système d'assurance des grands nomades; le Naçrani ne semblait pas savoir que le jeu des échanges défend mieux un troupeau que celui des fusils et qu'un pillard ne sait jamais à qui sont les chameaux qu'il enlève.

Ce fut un beau concert. Les Kedadra contestaient systématiquement les « mneha », les Reggueibat en voyaient partout et le Naçrani, assez vainement, en discutait le principe ce qui étonnait tout le monde et n'arrangeait rien.

Seulement le jeune homme comprit vite qu'il faisait fausse route et, voyant que les discussions ne règleraient rien, il déclara tout net que les feux feraient foi; chacun de se récrier; mais le garçon avait l'habitude de l'autorité. Sid Ahmed fut très étonné de l'expression si dure et si assurée d'une volonté individuelle; il en resta inquiet.

L'affaire fut tranchée, chacun s'en alla mécontent et satisfait; il restait seulement évident que le procès reviendrait périodiquement sur le tapis pendant des années; les Nçara savaient-ils maintenir leurs jugements comme ils savaient les imposer ?

*
* *

Nous plaindre de nos maîtres, c'est avouer notre servitude; nous taisons donc nos griefs aux autres, puis bientôt à nous-mêmes, et quand nous ne sentons plus le joug, une nouvelle conception de notre liberté nous rassure. Les Kedadra ne considéraient plus que les réquisitions auxquelles ils étaient soumis, les convocations qui les appelaient au ksar, l'ordre qui fréquemment les touchait de résider dans telle région ou telle autre, celui de se grouper autour de leur chef, discipline qu'ils n'avaient jusqu'alors jamais admise, atteignissent en rien leur dignité. C'est à peine s'ils se plaignaient encore de la gêne matérielle qu'ils en éprouvaient, et Ali jouait même parfois de cette soumission, sollicitant des chefs nçara les ordres qu'il eût hésité à donner lui-même. Sid Ahmed n'avait pas subi la même éducation progressive. Que l'épuisement du cheptel ne réussit lui-même à repousser l'ordre de fournir chameaux et moutons lui semblait une chose monstrueuse. Les troupeaux qui avaient à peu près normalement passé l'hiver, grâce aux arbustes de la Kœdia, avaient souffert dès le début de l'été; la fleur de sbat avait été insuffisante dans le Makteir et ce mois de juin était cruel. La hache au poing, les Kedadra défendaient contre la famine leurs chèvres pour les Nçara, dont les exigences étaient telles qu'on envoyait à l'abatage des mères prêtes à mettre bas. Mais si le commandant de subdivision découvrait les champs d'acacias massacrés, il imposait une amende et prétendait confisquer les haches. Dans les campements, les captifs, par leur arrogance, mettaient Sid Ahmed hors de lui; ils ne travaillaient guère et prétendaient manger; aux reproches, ils répondaient avec grossièreté et, aux coups, par la fuite; les Nçara auxquels ils allaient se plaindre les restituaient, mais non sans faire au maître des observations en présence de l'esclave, l'autorité s'en perdait. Les droits que payent les tributaires aux familles suzeraines avaient du moins été réglementés; mais l'Hammoni, appartenant à une tribu noble, n'y voyait qu'une exaction nouvelle.

Or, nos jougs peuvent bien s'alléger pour nous avec le temps: ceux qui ne s'y soumettent point continuent d'en mesurer le poids à la fierté qu'ils tirent, par contraste, de leur indépendance. Et, tandis que les avantages de notre conception nouvelle leur échappe, cette fierté croît avec la distance de leur liberté à notre esclavage. Sid Ahmed s'exagérait bien des choses. Sa réaction était que « lui, du moins, jamais... ». Il disait « jamais », sans songer que les hardiesses de l'esprit nous engagent, que notre faiblesse grandira de tout ce que nous aurons mis d'énergie à nous en défendre avant qu'elle s'impose, et qu'un jour, le dilemne se présentera d'être tout à fait brave ou plus veule que ceux dont nous condamnions la veulerie. Sid Ahmed vivait chez les Kedadra de façon imprudente, sans le comprendre et sans qu'on le comprît parmi eux. S'il avait été plus jeune ou plus violent, son indignation se fut muée, sans doute, en révolte contagieuse; mais il commençait à être sage et n'irritait que lui-même. Il ne l'était pas encore assez puisqu'il restait brave. C'est pour cela qu'à nouveau il dut seller sa bête.

La vie un temps encore avait continué sans heurt.

Il revit Ouadane; n'oublia pas les palmiers de Loueichfat; chargea Sidi O. Sidati (le vieux Sidati depuis longtemps était mort) des démarches que le Gasmi lui avait confiées. Mais au ksar il apprit que l'officier méhariste s'était renseigné sur lui, demandait où il pourrait le voir sans l'effaroucher; alors il n'y retourna plus.

Et un jour une note vint de Chinguetti. C'était une convocation pour l'Hammoni; il était dit qu'il se munisse de ce qui est utile à un long voyage. L'on savait que les Nçara préparaient un gros razzi pour le Hank; tout le monde comprit qu'ils le voulaient pour guide. Sid Ahmed prétendit refuser tout net: O. Baba lui en montra la vanité; s'excuser sur son infirmité: Ali l'assura que son excuse ne serait pas admise. Alors l'ancien pillard feignit de se soumettre. Il prit sa carabine, un peu de lait aigre dans une outre, se mit en selle, et, trompant ceux qui devaient l'accompagner, sans se retourner, partit pour le Nord.

Le reg bleu fuit entre deux lignes de dunes fauves, indéfiniment; de loin en loin une touffe sèche, askaf ou damram; la solitude est immense. On a marché des jours entiers sans rien voir et tout à coup quelque chose arrête le regard; pendant longtemps encore l'on s'avance sans distinguer l'identité de cette chose, mais elle remue, c'est un homme, non, une femme. Accroupie, elle gratte la terre.

Une captive, seule dans l'espace inhumain, soigneusement vide une fourmilière. Elle est indifférente à l'étendue, au silence; elle a trouvé cette abondance, avec une joie cupide et silencieuse, elle remplit un vieux sac en cuir des graines amoureusement amassées par les travailleuses bestioles. Son pagne déchiré est plein de fourmis inquiètes et furieuses, elles s'acharnent à attaquer le vieux cuir de l'esclave qui ne songe qu'au repas qu'elle va faire. Sa charge est prête, la fourmilière labourée est une ruine.

La vieille secoue ses lambeaux, avec peine charge sur son dos le lourd sac de cuir dont elle passe les attaches sur son front et, une main à son genou osseux qui craque, elle se relève. Elle s'en va, pliée en deux, butée dans son effort patient; elle traverse le reg, aborde la dune et derrière elle, impressionnantes comme tout indice de vie dans l'absolue solitude, ses traces sont là, après qu'elle s'est enfoncée derrière la crête, profondes, vivantes, menacées par le vent qui se lève.

Et Mbarka patiemment poursuit sa route lente.

Une dune encore; sans changer son pas elle la gravit. La fatigue ne marque pas ces vieux corps asservis, ils n'ont pas de chutes et de désespérés redressements parce qu'ils n'ont plus d'énergie, mais ils ont une résignation profonde qui les protège des déceptions nerveuses; quand ils s'arrêtent, c'est qu'ils sont à la limite de l'usure, et alors ils ne se relèvent pas. Mbarka gravit la dune, atteint le sommet, domine le versant de sable croulant; les tentes sont là, quatre ou cinq belles tentes, mais silencieuses et comme mortes.

Les Llgouassem se sont dispersés pour sauver leurs troupeaux, l'année a été tout à fait mauvaise, l'été terrible; les bêtes sont efflanquées, maigres, et quand les petits esclaves enfourchent un chameau pour pousser les autres au pâturage, la colonne vertébrale de leur monture est tellement décharnée qu'elle meurtrit leurs fesses, tannées pourtant par les chevauchées quotidiennes. Le lait est insuffisant, les caravanes n'ont pas trouvé d'orge à vendre dans la Seguiat-el-Hamra, c'est déjà la famine. On compte un peu sur les pluies d'automne, mais jusque là il faut vivre.

La vieille a fait une bonne récolte, elle est fière, elle va, courbée, vers la tente de sa maîtresse, et les autres femmes, qui, les jambes croisées auprès de leurs bagages, se baissent pour l'apercevoir sous le bord de leur tente, l'envient.

El Habib n'a plus avec lui que son cousin, dont il est le tuteur (car Hamdi est mort de soif l'avant-dernier été), son cadi et son artisan. O. Youssef n'est plus là, ses troupeaux sont partis les uns après les autres vers les lointains pâturages de l'Adrar, avec leurs bergers, et le vieux malin les a précédés en fourrier pour leur obtenir l'autorisation de pacage qui les sauvera. Sous sa tente, El Habib héberge Sid Ahmed. L'Hammoni est industrieux, il rôde tout le jour au loin et revient le soir, presque toujours rapportant quelque chose, une iguane de dunes, de ces lézards luisants qu'on appele « zelgag » à cause de la rapidité avec laquelle ils glissent pour plonger dans le sable presque liquide des pentes croulantes. Il ne demande rien, n'a besoin de rien et, parfois, il abat une autruche maigre que l'Habib envoie chercher et qu'il partage, généreux du bonheur de son homme.

Quand Sid Ahmed est revenu de l'Adrar, c'est évidemment à Loueichfat qu'il s'est rattaché; il lui apportait de bonnes nouvelles. D'ailleurs, sa place était gardée au campement; l'on ne s'y était pas formalisé de son départ, la terre est aux hommes, et son retour avait été comme le retour de n'importe quel voyage: une passagère distraction, un prétexte à longs entretiens. On lui avait dit la mort d'Hamdi, il avait confirmé la rareté des pâturages, puis les préoccupations déjà naissantes avaient distrait de lui. Mais au début de l'été, l'intervention d'O. Sidati que lui avait annoncée Sid Ahmed et le soin de ses chevaux, auxquels le lait manquait déjà, avaient décidé Youssef à réaliser son vieux projet, il était parti pour Ouadane et le bossu, banal héritage, était revenu à l'Habib.

Le chef des Llgouassem avait des clients, mais qui lui coûtaient cher. Il avait d'abord su gré à Sid Ahmed de venir augmenter gratuitement sa petite garde; puis il avait découvert chez lui sa propre répugnance instinctive, presque charnelle, pour les Nçara; un sentiment très différent de la crainte superstitieuse qu'affectaient les autres sur la foi de légendes auxquelles croyaient les femmes; maintenant, enfin, il appréciait cette sobriété extraordinaire, ces ressources inattendues, ce désintéressement inusité qui classaient le bossu parmi les hommes sur lesquels il savait le plus sûrement pouvoir compter.

Aïchatou s'était mise à vanner les graines rapportées par Mbarka, elle s'efforçait d'en séparer les nymphes blanches à odeur musquée et le plus possible du sable qui s'y trouvait mêlé, puis elle les écrasa un peu sur la pierre plate et livra cette mauvaise farine à la captive ; Mbarka, sans s'arrêter, avait allumé le feu, mis de l'eau dans la marmite et sa fatigue s'était fondue à l'espoir de manger une pleine écuelle, à la vanité d'être importante et de servir. Le «gerie» n'est pas une mauvaise nourriture, mais vers Bir-Zreigat les fourmis sont rares et les réserves généralement petites. Fatimatou fit porter une écuelle de pâte fumante chez l'Habib qui invita Sid Ahmed à mettre la main au plat; mais l'Hammoni regardait l'horizon, il y montait de légers flocons blancs.

— Signe de pluie, dit-il.

⁂

L'année « des sauterelles » n'aurait pas été mauvaise. Il plut cette année-là; on signala même des pâturages dans le Zemmour. Les quelques tentes qui vivaient avec l'Habib O. Billal levèrent le camp et, à lentes étapes, partirent pour le Nord. Les bergers de Loueichfat même songèrent à remonter; mais le vieux qui avait négocié avec habileté mangeait paisiblement à Ouadane les dattes fraîches de ses palmiers; il y trouvait des avantages et, soucieux de ne point inquiéter les Nçara, il retint ses troupeaux dont le départ eût pu faire suspecter la sincérité d'une soumission trop récente.

Dans le Nord, l'Habib retrouva d'autres tentes Llgouassem également attirées par l'espoir du vert. Qui de l'Iguidi, qui de la Hamada, des campements se regroupèrent auprès des mares dont l'eau abondante permettait aux troupeaux de se contenter des pâtures les plus sèches en attendant que l'herbe poussât et que reverdissent les plantes vivaces. Les temps restèrent durs, mais l'espoir était là, légitime jusqu'à l'évidence. Les regs du Rallaman et du Yetti commençaient à prendre des reflets verts; les hommes montaient leurs bêtes fatiguées pour aller reconnaître les plus proches et les plus belles promesses. Mais un jour quelques groupes rentrèrent qui avaient poussé assez loin vers le Karet, ils annoncèrent avoir vu des criquets.

Bientôt on en trouva un peu partout qui sautaient avec inquiétude, coupaient une herbe, allaient plus loin. Puis le ciel se voila, il y eut des journées maussades: « temps à sauterelles », dirent les anciens. Enfin, un soir la lumière de rose devint rousse; les regards se levèrent; le ciel s'obscurcissait sans qu'on notât les contours de nuages, puis on distingua les points mobiles des acridiens volant le plus bas, et, bientôt, le vol enveloppa le campement. Les insectes passaient, attirés suivant les lignes parallèles du vol qu'ils matérialisaient dans l'espace, filant vers le Nord avec une régularité mécanique à laquelle semblaient échapper, détachés, comme délivrés, ceux qui ayant touché le sol se décochaient désormais en sauts incohérents pour retomber plus loin, et, se mêlaient seuls à la vie immédiate, celle des gens ou des bêtes. Les enfants poussaient des cris de joie et cherchaient à saisir les sauterelles qui leur échappaient tandis que celles qu'ils n'attendaient pas venaient buter contre eux et y briser leur vol. Il y en avait dans les tentes, il s'en prenait dans les voiles des femmes qui, chatouillées, se défendaient avec de petits gloussements pleins de coquetterie. Mais les hommes étaient sombres et regardaient filer, filer sans cesse, l'aérienne avalanche qui ne s'arrêtait pas. Ces sauterelles étaient rouges et ce sont les pires. Quand elles sont grises, quand elles sont jaunes, elles sont moins affamées et d'ailleurs moins nombreuses. Le soleil allait disparaître derrière l'horizon et sur les choses ses reflets jaunes se mêlaient aux reflets rouges du nuage dévastateur.

Le lendemain le sol fut couvert d'acridiens. Les insectes engourdis sautillaient paresseusement. Mais quand les troupeaux quittèrent leur parc ils en firent lever des myriades qui s'allaient poser un peu plus loin et se relevaient au passage des bêtes ou des gens. Les captifs, les bergers, toute la gueuserie, profitaient bruyamment de l'aubaine, ils frappaient l'air avec leurs bâtons et, au vol, étourdissaient les sauterelles qu'ils faisaient sommairement rôtir dans la cendre chaude.

La première vague fut suivie d'autres aussi denses. Les promesses de pâturage disparurent, les plantes vivaces ne verdirent pas. Au matin, les arbres, les touffes de markouba n'étaient que de grosses grappes rouges que l'émotion rendait toutes bruissantes à l'approche d'un pas. Il n'était point de tentes qui ne fissent provisions sérieuses de cette manne. On plaçait de la paille dans les arbustes avant la chute du jour et, à l'aube, en l'enflammant, on enfumait, étourdissait, grillait les acridiens. Femmes, enfants se mêlaient à la chasse, frappant, criant, se démenant et l'on remplissait les sacs de cuir que l'absence d'orge avait laissé vides tout l'été. Les sauterelles sauvèrent les gens, car, les mares épuisées, les troupeaux perdirent définitivement leur lait ; plus encore que pour les hommes la vraie famine s'ouvrait pour eux.

Les sauterelles quand elles sont grasses font une bonne nourriture, or les premières l'étaient; les sacs où on les avait serrées suintaient d'un suc visqueux. Les délicats, ou les riches, ceux qui les pilaient pour les mêler à un peu de graines haz ou illig, prises aux graminées en des temps meilleurs, de guerié, volé aux fourmis par leurs serviteurs, n'avaient pas trop à souffrir.

Mais la famine entraîne la famine, car les commerçant Teknas ne viennent plus aux campements dont les chameaux, la seule monnaie d'échange, sont hors de forme, incapables de suivre dans le Nord et trop maigres pour être cotés sur les marchés du Draa. D'ailleurs peu à peu, depuis deux ans que la vie s'était faite difficile, toutes les bêtes à vendre étaient parties et il ne restait dans les campements que l'espoir : les mères, les jeunes chamelles et les montures qui sont pour les hommes le signe et la condition de l'indépendance. On ne se résolvait pas encore à en abattre. Un sûr instinct l'interdit ; et aux Llgouassem plus qu'aux autres nomades du désert, parce que, leur cheptel disparu, ils ne disposent ni de palmeraies, ni de terrains de culture sur lesquels ils puissent compter.

Il fallut se disperser à nouveau. Plusieurs groupes avec l'Habib descendirent vers le Hank où les points d'eau sont appréciables. Mais la descente fut désastreuse.

Dès les premières étapes les animaux faiblirent ; les gens allaient à pied, poussant leurs bêtes à une allure désespérante. Les chameaux fatigués marchent l'air distrait, la tête inquiète, levée, comme avec le regret constant de placer un pied devant l'autre ; les frapper est inutile et si l'on s'acharne ils s'arrêtent, s'agenouillent puis ne se relèvent plus. Lâchés dès le soir, ils faisaient quelques pas flairant le sol, essayaient de mâcher des brins de bois presque mort puis barraquaient ; la nuit, les plus forts, se relevaient, erraient parmi les bagages et mangeaient les paillassons des bâts, les nattes; les chamelles rongeaient leurs harnachements de sparterie qui n'avaient plus même à défendre leur lait de l'avidité des chamelons survivants. Chaque jour quelqu'un se défaisait de nouvelles charges que les bêtes ne pouvaient plus porter. On abandonnait les tentes, les sacs à bagages. Les plus éprouvés abandonnaient même leurs réserves de sauterelles. Et les bêtes, allégées, n'en marchaient guère mieux. On n'avait plus d'eau, mais grâce à Dieu, le froid venait et l'on n'en buvait qu'à peine. Les criquets abondants parfois, parfois manquaient totalement; quand quelqu'un signalait qu'un vol s'était abattu ici ou là les campements changeaient leur route pour s'approvisionner et parfois ainsi se rencontraient. Mais, comme nulle part ne survivait de végétation, les sauterelles maintenant étaient maigres ; maigres elles ne trompent même pas la faim.

Les plus prévoyants, les plus riches, ceux dont les bêtes pouvaient encore porter quelque chose conservaient des réserves, de la farine d'insectes qu'ils avaient fait piler dès les premiers vols. Mais les esclaves souffraient. Fréquemment on apprenait que celui-ci ou celui-là avait disparu. Ils s'évadaient, enlevant les meilleures bêtes. décidés à tenter seuls leur chance. On les reprenait souvent parce qu'incapables de résister à la tentation, beaucoup d'entre eux sacrifiaient stupidement leur monture, pour manger, sans souci de perdre ainsi leur unique chance de salut. Au campement de l'Habib on en avait tué à coups de bâton pour faire exemple, mais l'exemple avait été inutile; l'absurdité des déroutes emportait tout.

Les groupes fondaient. Les malades angoissés changent de place, de position, de lieux, espérant trouver ailleurs ou autrement une amélioration à leur sort; les groupes étaient malades; des tentes s'en allaient seules dans l'espoir d'un mieux improbable, puis, inquiètes de se trouver isolées, on les voyait souvent revenir avec un chameau de moins, trahies par leur esclave, ou simplement affamées ; ramenées par le hasard.

Il y en eut qui disparurent et qu'on ne revit jamais. Il y eut pire: des tentes restèrent suspectes pendant bien des années ; elles avaient perdu un de leurs membres, souvent un enfant, personne ne l'avait vu malade, on ne rencontrait pas sa tombe sur les itinéraires qu'elles avaient parcourus. Un esclave fugitif fut rencontré en Adrar, à sa selle pendait un morceau de viande moitié sèche et moitié puante, suspecte; on sut qu'il n'avait pas fui seul, on ne retrouva pas son compagnon.

Les hommes de bonne tente montraient dans ces conjonctures la supériorité du sang ; elle est en partie faite de l'ennoblissant souci des responsabilités que soutient puissamment une nourriture généralement meilleure que celle des humbles. Ils gardaient une sérénité qu'aidait le fatalisme de race, et, pour plusieurs, le terrible entraînement aux misères qu'apportent les razzi aux guerriers qui s'y adonnent. Des campements dispersés, se traînant à travers le Karet, les notables venaient à l'Habib. Autour de lui se tenaient des conseils d'où l'anxiété n'excluait pas l'habituelle dignité, mais qui ne résolvaient pas grand chose. On attendait du Hank un modeste secours. Mais deux tendances se partageaient l'opinion : vivoter autour d'el Mreiti ou de Tin

Bessais en espérant des pluies d'hiver ou descendre sur l'Adrar. El Habib conseillait aux autres cette solution et pour lui ne pouvait s'y résoudre.

Le Hank n'avait pas été épargné, mais les deux ou trois puits d'une relative abondance, qu'on y trouve, permettent à des troupeaux affamés d'y paître, en buvant fréquemment, certaines salsolacées que les acridiens n'attaquent guère. Au Sud, vers Bir-Zreigat, il subsistait même un peu de had sec. Les animaux sauvés purent vivre, mais les hommes commencèrent à vraiment souffrir. L'hiver et la faim avaient tué les sauterelles qui n'étaient pas parties à temps pour des destinées lointaines. On en trouvait des milliers que le sable commençait à recouvrir. Celles qu'on pouvait encore prendre vivantes, sur les arbres, étaient vides, carcasses sèches que les dents écrasaient sans espoir. Les Llgouassem descendaient vers Bir Amram pour atteindre le had, mais l'eau salée qui incite les chameaux à manger épuise les hommes.

Vers Décembre on apprit qu'une fraction de Reggueibat du Tell, descendue par Tourine, avait atteint l'Adrar et y trouvait maigre mais suffisante pâture. Elle avait été entraînée à cette tentative par des cousins de l'Habib qui, s'étant présentés à Atar, y avaient obtenu de généreux droits de pacage. Alors commença l'exode. Un à un les campements s'acheminèrent vers Rallaouya. Aussi bien la situation devenait-elle impossible : les gens démoralisés tuaient les chamelles.

Bientôt il ne resta plus dans la région de Bir Amram que les pillards les plus endurcis qui n'escomptaient ou ne désiraient pas de pardon, quelques dissidents de l'Adrar, individus souvent sans aveu, et l'Habib O Billal. L'attitude du chef Llgouassem rejoignait ainsi celle des gens qu'il avait longtemps désavoués étonnait ceux qu'avait jadis indigné sa politique d'alliance avec les infidèles et contrastait étrangement avec son intelligence diplomatique. Peut-être se considérait-il comme lié par un vœu. On répétait qu'il avait juré sur le Livre de ne jamais approcher d'infidèles.

Il confia sa mère et sa jument aux gens qui partaient dans le Sud-Ouest. Mais lui ne se décida pas à les suivre. Sid Ahmed, son Cadi, son artisan lui restaient fidèles et naïvement vantaient sa rigueur. Le chef Gasmi restait impénétrable et calme. Il voyait son troupeau fondre sans se départir d'une pieuse confiance. « Il pleuvra, disait-il, s'il plait à Dieu », et parfois il ordonnait d'abattre une bête dont il distribuait la viande. Sid Ahmed avec des pierres faisait des pièges où il réussissait à prendre des protèles, des chacals squelettiques.

El Habib O. Billal s'en tenait-il à son serment?

Son attitude révéla plus tard toute l'étendue de son sens politique. Devancé par ses cousins qui intriguaient contre lui et avaient pris position en traitant avec les Nçara, il s'était contenté d'adresser ses compliments aux autorités de l'Adrar par les billets protecteurs dont il munissait les groupes de tentes se décidant à l'exode. O. Youssef suffisait à Ouadane pour répondre aux Nçara de ceux qui se présentaient ainsi et leur obtenait par l'action lointaine du chef, dont l'autorité manifeste se rehaussait de mystère, les pacages dont ils attendaient le salut. Les Nçara, qui paraissaient un peu dominés par les faits, et dont l'action politique restait assez flottante, ne cherchaient pas à attirer avec l'Habib de nouvelles tentes dans l'Adrar déjà surchargé de troupeaux ; ils affectaient de considérer comme une garantie suffisante des bonnes intentions du chef Llgouassem, la présence d'une partie de sa famille dans leur région, et n'insistaient pas pour traiter avec lui en personne.

Ainsi O. Billal réservait l'avenir. Déjà se dessinait son caractère de « musulman » irréprochable, pur de tout contact offensant avec les infidèles, et dont l'indulgence pour les faiblesses de ceux qui n'avaient pu résister à la tentation de sauver leurs troupeaux par des concessions humiliantes, saurait être mortelle à l'autorité de ses cousins dont le servile empressement, comparé à sa propre rigueur, suffirait à les perdre dans l'esprit des Llgouassem.

Quant à ses biens..., ne savait-il pas abattre une chamelle pour honorer un hôte utile ? N'avait-il pas à sa disposition les immenses troupeaux d'O. Youssef, toujours empressé à effacer une certaine cuistrerie de naissance, et trop honoré de commanditer le cheik très pur.

Le secret des vrais chefs est de savoir s'entourer.

***

Sid Ahmed n'était pas homme à suivre une idée politique en de si complexes détours. Il empilait des pierres, visitait au matin ses pièges, dépouillait le chacal de la nuit dont il faisait partager l'aubaine aux plus misérables, ou bien partait dans le Sud pister une autruche quand sa monture lui semblait pouvoir fournir une petite étape sans trop de peine. Il vivait, aidait un peu les autres à vivre et s'attachait à l'Habib pour sa résistance au mouvement général. Il goûtait désormais les humbles plaisirs du dévouement, qui, au temps de sa force, ne l'avaient jamais tenté. Il n'éprouvait plus ces grandes, débordantes et silencieuses joies d'être par soi-même, face au soleil, face au vent, face à la lutte, avec des forces éclatantes ; il devenait vieux. Son coup de fusil n'était pas moins sûr, sa vue pas moins bonne, mais il aimait caresser les enfants; il songeait à l'avantage d' « être », d'avoir une tente ; il s'attachait aux choses. Les années apportent souvent l'attendrissement, mais l'infirmité plus souvent encore quand elle n'aigrit pas le cœur. Le jeune homme tue pour lui, sa chasse est son jeu, plus tard il lui faudra quelqu'un qui l'attende, l'infirme en demande au moins l'illusion. Sid Ahmed devenait disponible pour les blessures profondes.

Or, jamais el Habib O. Billal n'eut mangé de chacal.

Les ombres des palmiers se raccourcissaient déjà et découvraient peu à peu le large lit de l'oued dont la sablonneuse blancheur commençait à briller au soleil. Encaissée entre les rochers rouges, où les maisons de Ouadane n'étaient que pierres parmi les pierres, la palmeraie, abritée de l'air plus vif du plateau, s'échauffait rapidement. D'entre les haies de palmes sèches qui contiennent l'épaisse et tendre verdure de l'orge irrigué, des fumées bleues montaient, parmi les troncs rugueux, dans la décorative végétation des palmiers plus jeunes. Malgré le froid, ou peut-être à cause du froid même, des gamins tout nus couraient sur le sable de l'oued, évitant les bords où l'ombre persistait et comptant pour se réchauffer autant sur le soleil que sur leurs jeux. Ils bousculaient un âne impassible que l'un d'eux tenait par une oreille, l'enfourchaient plusieurs à la fois, s'y cramponnaient jusqu'à ce que, brusquement, l'animal têtu, en deux coups de reins, se débarrassant des cavaliers importuns, les envoyât rouler, cul par dessus tête, dans le sable glacé, pêle-mêle, petits blancs et petits nègres avec des rires où se trahissait parfois un frissonnement. Quelques brebis, quelques chèvres laitières, grimpaient dans les cailloux allant vers le sud chercher maigre pitance. Ce n'était plus l'animation si vivante du temps de la cueillette, mais la famine même qui sévissait au nord amenait constamment à Ouadane des nomades venus acheter des dattes ou passer marché pour l'orge qui allait mûrir. Un certain sentiment de confort subsistait, et un homme, qui partait en voyage, tirant son chameau par la bride dans le lit de l'oued, semblait s'éloigner à regret.

Pour les dattes, l'année avait été bonne.

Un vieil esclave courbé parut entre les palmiers; il écarta les palmes sèches d'un enclos, s'y coula, puis, avec cette lenteur de geste des travailleurs de la terre, économie ou fatigue, il dénicha d'une cachette son seau de peau tannée; sans hâte il s'en fut l'attacher à la corde qui au-dessus du puits pendait du long balancier fait d'un tronc de palmier alourdi de pesantes pierres, puis, prenant à deux mains la corde rugueuse, s'arcbouta; la poutre, en s'inclinant, grinça plaintivement autour de son axe.

Peu à peu, dans toute la palmeraie des grincements s'éveillèrent, se répondirent, le soleil avait secoué les paresses et l'orge réclamait à boire.

Dans l'escalier chaotique qui mène au ksar, Cheik Youssef descendait avec précaution. Il était chaussé de babouches jaunes qui glissaient sur les blocs, mais le préservaient de leur froid contact; il était enveloppé du vaste burnous de drap bleu qui est, en Adrar, une rareté, mais dont les riches Reggueibat trouvent à se pourvoir sur les marchés du Nord. Cheik Youssef était cossu, respectable et gardait avec satisfaction autour de sa bouche des traces luisantes; elles proclamaient, qu'avant de sortir, le riche Gasmi avait largement mangé de ces épaisses crêpes de blé qu'on arrose de beurre liquide. Aussi la vieille captive qui montait, pliée en deux sous la charge d'une outre suintante et le front buté aux liens qui la retenaient sur son dos creusé, s'adossa-t-elle au mur pour laisser passer l'opulent vieillard; avec un respect craintif elle levait une main sèche et calleuse; affable il répondit à son salut muet :

— Alik es salam, et la bénédiction de Dieu.

— Qu'il soit loué, qu'il soit loué, radota la vieille en reprenant son ascension épuisante.

Ils devaient être du même âge.

Tout en allant vers son enclos qu'il avait arrondi par l'achat de nouveaux palmiers, O. Youssef se félicitait complaisamment de sa retraite. Il avait bien l'âge de se reposer. Chedad, le premier intéressé à leur conservation, saurait surveiller ses troupeaux. Lui se réservait seulement quelques biens immeubles qui lui suffisaient et dont le soin occuperait tranquillement sa vieillesse. En descendant le matin vers ses cultures, après s'être agréablement réconforté, O. Youssef pensait doucement à ses intérêts ou à d'utiles et judicieuses combinaisons. Il se réjouissait en particulier ce jour-là d'un achat récent : un gamin d'une dizaine d'années que, profitant de la famine, il avait eu pour un morceau de pain. L'acte avait été dûment enregistré par le cadi; à la vérité il ne s'agissait pas tout à fait d'un achat, car les Nçara interdisent la vente des esclaves, mais d'une location pour quatre-vingt-dix ans; c'est évidemment la même chose; cependant cette restriction chiffonnait Loueichfat; il se fit une raison puisque, désormais, il lui fallait être en règle avec l'Administration; n'y trouvait-il pas ses avantages! Un point plus sombre occupait l'esprit du vieillard. Il n'avait pas hésité à promettre aux Nçara le retour de Sid Ahmed en échange de certaines faveurs. Passé maître dans l'art de temporiser, il pensait repousser indéfiniment l'accomplissement de cette promesse un peu osée. Certes, il ne l'avait pas faite sans résistance, mais les conditions de son installation à Ouadane avaient été facilitées par quelques concessions délicates. Les Nçara lui avaient laissé entendre qu'ils connaissaient fort bien son passé de pillard et s'ils avaient accordé ce qu'on doit de considération à la fortune acquise, leur accueil n'avait pourtant pas manqué de leur rapporter quelques avantages; ils avaient passé l'éponge sur de vieilles histoires moyennant d'utiles interventions.

Pendant plusieurs mois O. Youssef avait remis l'épineuse affaire; il avait prétexté d'abord la distance, puis, lorsque l'exode des Llgouassem avait commencé, il s'était excusé par l'inconvénient d'effaroucher les campements qui n'arrivaient pas sans appréhension dans cet Adrar occupé par des « infidèles ». Mais les « Franci » savent bien qu'il faut suivre les traces pendant qu'elles sont fraîches et, malgré quelques hésitations, ils sentaient le moment venu de faire pression sur les gens du Tell. Les sauterelles étaient leurs alliées, écartées des cultures par le tintamarre qu'y avaient mené les esclaves inquiets, elles avaient saccagé le pays en respectant les palmeraies dont l'attirance avait grandi d'autant. Bref, O. Youssef avait écrit, puis écrit encore à l'Habib O. Billal, et finalement de façon si pressante qu'il espérait d'un jour à l'autre voir s'ébaucher une solution astucieuse, en fin de compte, proposée au chef gasmi.

O. Youssef chassa cette pensée importune.

L'air était calme, le propriétaire chez l'opulent Reggueibi reconnaissait dans la cacophonie des grincements ceux de ses propres puits; penser aux détails de la culture lui était une douce occupation; il avait dit à Mabrouka, qui vieillissait, de se faire aider pour l'arrosage par l'enfant récemment acheté; il songeait à constater l'exécution de cet ordre. Bientôt il aperçut, dominant la plantation récente qu'arrosait la vieille, le lourd balancier de son enclos; le gamin marchait en équilibre sur le tronc oscillant, il en accompagnait le mouvement aidant par le déplacement de son seul poids la poutre à s'incliner pour puiser ou à se redresser pour remonter plein le seau de cuir ruisselant. Brusquement Loueichfat tressaillit; une voix connue venait de l'appeler par son nom: Sid Ahmed caché dans un massif de palmes le hélait: « Io, Cheik! »

Le vieux pourtant sut feindre l'étonnement. Il fit signe au bossu de se faufiler jusqu'à son propre champ bien clos de palmes sèches, et l'y attendit. Le courrier apportait une lettre de l'Habib O. Billal; Cheik Youssef qui ne savait pas plus lire que l'Hammoni prit le papier et le glissa dans le petit étui à Coran qui brinqueballait sur son ventre avec les amulettes gaînées de cuir rouge où se résumait sa confiance en la puissance divine; puis s'asseyant, demanda de quoi il s'agissait. Sid Ahmed fit son rapport: un razzi était signalé parti du Zini ou Aïder dans une direction inconnue; l'affaire était vague et les renseignements précis; le vieillard admira O. Billal d'avoir songé à faire d'une pierre deux coups, voire à faciliter la voie à son vieil ami, en offrant à la reconnaissance des Nçara un renseignement qui, pour entièrement fantaisiste, n'était pas dénué de vraisemblance, en même temps qu'il dirigeait sur l'Adrar le bossu qu'on y réclamait.

— Comment, est-ce toi qui t'es chargé du message ?, demanda Loueichfat.

— Il n'y avait personne au campement qui sache trouver la route.

— Te voilà donc décidé à revenir vers nous ?

— Par Dieu non, mais personne ne m'a vu.

— El Habib t'a loué ?

— Il m'a prié.

— Tu meurs de faim ?

— Non, je suis arrivé cette nuit, j'ai mangé des épis d'orge. Il n'est pas encore mûr, ajouta-t-il avec détachement.

O. Youssef voulait décider l'Hammoni à monter jusqu'au ksar, personne ne le connaissait, il n'y avait pas en ce moment de détachement naçrani au bordj. Sid Ahmed refusait, la perspective de manger lui était assez indifférente. Mais la tentation du thé triompha, le souvenir de l'ancienne intoxication et la fatigue rendaient irrésistible l'attrait du petit verre de liqueur brûlante.

*
* *

Dans la nuit froide une voix modulée chanta: « Allahou akbar! Allahou akbar! », tomba; profonde, persuasive, elle s'éleva de nouveau : « A'chehedou la illah il'allah, a'chehedou Mohammed raçoul Allah! » Elle rappelait pathétiquement du fond de l'oubli obscur du sommeil et de la nuit au souvenir de Dieu et du Prophète: « Haia ala salata, haia ala elfellaha! » La voix émouvante passait au-dessus des maisons ruinées, monotone et persuasive, appelant à la prière, secouant le rêve paresseux qu'elle avait d'abord engendré; des coqs chantèrent. A l'orient, sombre encore, une lividité diffuse annonçait le jour. Sid Ahmed s'éveilla sans transition, sans étonnement de se trouver entre des murs, aussitôt orienté. Auprès de lui O. Youssef se dressa et tous deux sortant de la chambre chaude s'en furent s'agenouiller sur la pierre plate où personne ne s'asseoit que pour prier.

Derrière eux s'étaient rangés deux serviteurs; dans l'ombre de la cour on pouvait deviner le mouvement d'une esclave qui imitait les prosternations du maître; il faisait froid. Puis le jour s'éveilla davantage, les coins d'ombre de la maison fondirent et deux chèvres attachées à un piquet bêlèrent; une servante en haillons leur porta une écuelle pleine de noyaux de dattes concassés, puis se mit à les traire. O. Youssef, ayant pieusement prolongé la prière, rentra dans la pièce tiède et le bossu l'y suivit avec un rapide frisson de plaisir. Un jeune et vigoureux garçon apporta le réchaud où luisait la braise et s'accroupit auprès pour y installer la bouilloire et réchauffer sa nudité. O. Youssef jouissait de l'amollissante influence du bien-être; Sid Ahmed, contracté, résistait à s'y laisser prendre.

Le vieillard parlait de l'accueil dont il avait été l'objet; les Nçara l'avaient reçu avec les égards dus à son importance. Il avait conduit au commandant un assez bel animal et, en retour, avait obtenu quelques cartouches. Il pourrait en donner huit ou dix à Sid Ahmed, mais pas plus, les cartouches sont précieuses au village, les troupeaux dans le Sud, la viande y était rare. Loueichfat faisait bien chasser les gazelles qui abondent sur le plateau, mais les hommes d'Ouadane tiraient si mal... Ah! certes,

Sid Ahmed s'il voulait être raisonnable pourrait, lui, chasser avec succès au nord du village dans l'oued Ifenouan. N'avait-il pas rencontré en venant quelques-unes de ces belles antilopes môor dont la chair est ferme et savoureuse? Enfin!... et le malin vieillard caressait la loupe de son crâne chauve. Les Nçara avaient aussi changé la tête mobile de sa carabine dont l'extracteur était défectueux. Le ressort de percussion de celle de Sid Ahmed était faible? Diable... hum, c'eût été si facile...

O. Youssef faisait sentir les agréments de sa vie nouvelle; il avait tout de suite été accueilli à Ouadane et y faisait déjà figure de citadin.

Ils étaient quelques-uns qui passaient même l'hiver au village; outre Sidati le Kounti et Zeidane le Chérif, que la vente de l'orge avait rappelés de leur tente, O. Youssef citait d'aimables vieillards qui s'abritaient de l'hiver, cruel à leurs os fatigués, dans la chaleur des maisons de pierres. L'après-midi ils étaient ses partenaires pour de longues parties jouées, assis par terre, au milieu de la rue, sur les damiers gravés dans les larges dalles du pavé. Des passants s'arrêtaient pour regarder la tactique des pions, crottins secs contre petites pierres, et faisaient retourner sur leurs pas les bourricots qu'un étourdi poussait dans le passage occupé. L'année avait été bonne à la palmeraie; la récolte était sauvée des acridiens. Et le vieux discutait seul la qualité relative de l'orge et de ce blé dur qui ne pousse qu'à Ouadane.

Sid Ahmed laissait radoter le vieillard, puis demandait quand il pourrait repartir. Alors Loueichfat temporisait. Il avait envoyé le renseignement à Chinguetti, il fallait attendre la réponse. Le bossu méfiant s'inquiétait de son chameau et l'autre lui répondait chaque fois, avec un étonnement toujours naturel, qu'il était évidemment au pâturage dans l'Hoffrat avec le petit troupeau de chamelles dont on apportait le lait tous les soirs; eut-il fallu l'entraver dans les rues du village ?

Le dernier verre de thé bu, Sid Ahmed attirait à lui la théière et, y enfonçant deux doigts, en extrayait les feuilles qu'il mangeait avec une satisfaction gloutonne. O. Youssef l'avait noté comme un indice d'évolution. Ainsi par d'insignifiants abandons extérieurs se trahit la déchéance. Le jeune esclave regardait disparaître sa part et Sid Ahmed ne le remarquait pas.

Bientôt on avait su au ksar la présence de l'Hammoni. Sidati avait demandé les nouvelles du Nord et, bien que le messager cachât le plus cruel de la détresse où il avait laissé les derniers campements attardés dans le Hank, le tableau était assez noir pour que le Kounti déplorât la cruauté de l'année et se réjouît du secours qu'avait offert le Sud aux troupeaux affamés. L'Ouarane même avait complètement échappé aux sauterelles, les troupeaux n'en profitaient pas à cause de la distance des points d'eau, mais l'on y faisait bonne chasse; l'Idjafoun était envahi de grandes antilopes et Nemadi, Kedadra, Amoungarij, chasseurs à chiens ou au fusil, rapportaient de lourdes charges de viande boucanée qu'ils vendaient, en raison de la famine, au prix qu'il leur plaisait de fixer.

Sid Ahmed se sentait entouré d'un réseau d'intrigues diplomatiques, de tentations insidieuses, il résistait, mais son attitude trahissait l'effort.

Bientôt il n'y eut plus de secret à garder, Zeidane à son tour avait appris l'arrivée du courrier du Nord et ceux-là même qui, en souvenir d'anciens pillages dont ils avaient été victimes, faisaient grise mine aux Llgouassem et jugeaient sévèrement la magnanimité gratuite des Nçara, n'ayant rien à reprocher personnellement à Sid Ahmed, venaient le voir et lui demander les nouvelles du Sahara. La pression exercée sur l'esprit de l'Hammoni se faisait plus lourde; il faiblissait, et, le sentant, se cramponnait à l'appui presque matériel d'un devoir: la promesse faite à l'Habib de revenir rapidement lui donner les nouvelles de l'Adrar. Il se faisait un silence quand, chez le vieux Youssef, Sid Ahmed en tirait argument; alors, croyant avoir convaincu, il triomphait avec naïveté; mais son hôte gêné baissait la tête et parlait d'autre chose.

Sidati s'était engagé à obtenir le pardon d'Atar pour la dernière fuite de Sid Ahmed, les Nçara comprendraient qu'ils l'avaient effrayé; Ali interviendrait; si même le chef kediri craignait de répondre à nouveau de l'Hammoni, Sidati, personnellement... Et quand Zeidane, à son tour, développait de subtils arguments, le bossu comprenait qu'ils obéissaient à une consigne. Il sentait s'appesantir sur ses épaules le poids d'une organisation puissante, d'une autorité invincible. qui avait déjà plié les Kounta, les Chorfa, les Kedadra, les Ouled Reylane, le monde...

*
* *

Sous les palmiers, près de son champ, Ahmed Taggadi* avait monté sa tente; c'était un vieil homme, d'apparence encore vigoureuse bien qu'il invoquât sans cesse son âge et sa fatigue; il en jugeait peut-être par comparaison avec sa jeunesse, mais la vivacité pétillante de son regard, la rapidité de son intelligence, qu'il réussissait mal à cacher, démentaient, auprès de ceux qui ne pouvaient le juger du même point de vue, ses protestations de faiblesse ou de sénilité. A la vérité il y avait peut-être de la lassitude dans le cas d'Ahmed O. Taggadi, mais c'était une lassitude toute philosophique, conclusion plutôt que résultat de l'inutilité de la lutte qu'il avait menée contre l'envahisseur. Il lui avait résisté d'abord les armes à la main avec vaillance, puis sur le terrain légal qu'il avait choisi après avoir, comme chef des Narmoucha, fait sa soumission avec logique et franchise. S'il s'était lassé, il y avait mieux que du fatalisme dans son abandon : de la soumission et de la sagesse; double hommage à Dieu et à soi-même.

O. Taggadi n'était pas l'homme des argumentations subtiles dont les victoires sont faites de concessions. Se trouvant largement l'égal des chefs nçara qui se succédaient dans le pays, il se refusait désormais à la discussion pour se réserver aux conseils. Il les donnait sur un ton mi-plaisant, mi-sérieux, qui apparentait cet homme de la tente à quelque fin sceptique, fleur d'une société spirituelle, et, souvent, ce détachement en imposait à l'assurance un peu lourde du vainqueur. La valeur de son fils avait probablement aidé Ahmed O. Taggadi à cette retraite morale puis, peu à peu, à celle de fait qui permettait au vieil homme de passer l'hiver auprès de ses champs d'orge. Ses contemporains lui avaient souvent reproché de laisser les rênes à un si jeune homme, mais lui souriait de sentir dans de tels reproches la difficulté que nous éprouvons à céder si peu que ce soit de nous-mêmes et, sans arrière-pensée, admirait chez son fils la belle souplesse vivante, et parfois cet appétit de puissance qu'à la jeunesse.

A Ouadane même Ahmed Taggadi ne quittait pas sa carabine; il avait jadis été un guerrier heureux et croyait l'avoir dû, partie à Dieu, partie à sa prudence, il avait garde de s'en départir. Assis son arme entre les jambes, il attendait quelqu'un. Sur le réchaud la bouilloire branlante soufflait par son bec un léger filet de chaude vapeur. Sidati avait prié le vieux Narmoucha d'intervenir auprès de Sid Ahmed ébranlé. Servir les intérêts des Nçara, c'était pour Ahmed servir aussi les siens, et toute action conciliatrice entrait dans la ligne de sa sagesse, il avait accepté. Bientôt entre les palmes, il vit s'avancer la silhouette courbée de Sid Ahmed qui allait à petits pas, les mains au dos, sa carabine dans le poing droit, curieux ou inquiet, par un double instinct de chasseur et de guerrier. Il l'appela: « Ioo Sid Ahmed! », le bossu parut comme réconforté par la familiarité de cet appel.

O. Taggadi, en versant le thé, parla d'autrefois... Il parla de son père à l'Hammoni; ils avaient pris part ensemble à un razzi contre les Oulad Delim; c'était le bon temps. Il n'était rien dans son monologue qui ne rappelât l'excellence du passé. La brûlante liqueur même, qu'ils lampaient à petits coups pour ne se point brûler n'avait plus la qualité du thé d'autrefois... Sid Ahmed, prévenu, s'étonnait. Parfois il levait la tête et ne rencontrait qu'un regard vif et franc, bien que spirituel, parce que si le vieil homme donnait à ses regrets une forme moqueuse, son ironie ne touchait que lui-même.

— Nous sommes battus, Sid Ahmed, mais cela est sans importance, nous allons bientôt mourir; nos enfants ne regretteront pas le vieux temps, ce sont nos regrets qu'ils ne comprendront plus. Autrefois nous faisions comme nos pères et voulions faire comme eux; il y a quelque chose de changé. D'abord nous avons dit: ils reviendront de leurs erreurs; et c'est nous qui sommes revenus de la nôtre. Il est parfaitement vain de vouloir se raccrocher à son passé préfères-tu un vieux méhari, même s'il t'a longtemps porté, à une bête jeune et vigoureuse? Ne crois pas échapper au moment. La sagesse c'est d'admettre. Parce qu'il faudra admettre quand même.

Le bossu reposa son verre en frappant deux fois le plateau.

— Entre*, dit le vieil homme gravement. Puis suivant sa pensée, il murmura: Que veux-tu faire contre des hommes qui volent dans l'air ?...

Et l'on parla des aéroplanes récemment arrivés en Adrar; c'était l'actualité des dernières semaines; l'on en discutait sous les tentes; ceux qui avaient vu les appareils prenaient un air naturel pour donner leur opinion sur les machines. Il restait que l'étonnement, pour caché, se nuançait d'inquiétude. On décrivait bien les grandes ailes, la vis de l'avant qui tourne très vite, le bruit énorme, mais il était facile de comprendre que cela n'expliquait rien.

— Pourtant, dit Sid Ahmed après quelques instants de réflexion, ils n'atteindront pas le Zemmour... les Llgouassem sont libres, regarde O. Billal.

— O. Billal n'est plus libre.

— A qui doit-il des comptes ?

— Ses gens ne sont-ils pas en Adrar ? Et pourquoi écrit-il de longues lettres aux Nçara pour protester de son alliance ? Crois-tu qu'il t'eut vendu s'il eut été libre ?

Sid Ahmed fut stupéfait puisqu'il leva la tête avec plus de lenteur :

— Que veux-tu dire ?

Ahmed Taggadi s'était tu. Il enfonça le sucre au milieu des feuilles déroulées dans l'eau de la théière, en rabattit le couvercle, puis l'assura sur les braises.

— Qui donc apporta chez l'Habib la nouvelle du razzi signalé dans le Zini-ou-Aïder ?

— Ahmed Barké O. Amatay.

— Ahmed Barké a eu l'aman; il venait d'Atar.

L'Habib O. Billal n'avait alors reçu aucune nouvelle du Zemmour ? Le bossu leva les yeux sur son interlocuteur qui négligemment nettoyait la culasse de sa carabine.

— Tu vieillis, Sid Ahmed... Celui qui mange les feuilles restées dans la théière ne sait plus écouter ni voir.

Sid Ahmed atterré ne disait rien. Le dernier verre était bu, ils se levèrent, Ahmed devait monter au ksar. Ils parlaient en marchant :

— Quand les Nçara me surprirent près d'Akhmakou*, disait le vieil homme, c'était... voyons... quelle année...

Ils s'éloignèrent, allant vers les maisons en ruines, le bossu courbé, les mains derrière le dos, tenait sa carabine de la main gauche, et en marchant il semblait se courber, se courber davantage à chaque pas.

J'ai rencontré Sid Ahmed, c'est un vieux Nemeday courbé sur de serviles tâches; elles l'empêchent de se souvenir. Il conduit dans l'Ouarane les chameaux galeux d'un chasseur ou fatigue des peaux vertes dont il fait d'assez bonnes entraves; on l'estime sans le lui dire et l'utilise avec excès. Il m'a parfois servi de guide et nous avons souvent causé; auprès du feu il retrouve une confuse splendeur en parlant du passé, à l'étape il récite d'une voix cassée les poésies d'un temps déjà légendaire, il a dû oublier les siennes.

Si vous désirez le voir et que vous soyez personne de qualité on vous le convoquera en Adrar.

Adrar, Décembre 1930.

ANNEXE HISTORIQUE

L'auteur ne croit pas inutile d'indiquer ici, dans une annexe aussi courte que possible, les sources historiques d'un conte dont la trame seule est inventée ; elles sauront le justifier d'avoir parfois frisé l'invraisemblance en voulant rester trop près du réel et le défendre du soupçon d'avoir créé, de toutes pièces, un pittoresque qu'il n'aurait pas entrepris d'imaginer.

1, p. 14. — C'est ainsi que fut sauvé après la bataille de Touizerzer, qui précéda de quelques jours celle de Jrayfia Lehfer en 1902, Cheik el Kaori el Mechdoufi qui devint brigadier chef du groupe nomade de Chinguetti, plus tard repassa à la dissidence le 14 mars 1932 en tuant son officier.

Page 19. — Les zenaga, (sing. zenagui) berbères comme leur nom l'indique, représentent chez les Maures les tribus qui au moment de la conquête arabe n'ont pas su s'arabiser à temps, qui vaincues ont été dominées ; réduites à payer tribut aux vainqueurs elles ont pris dans l'échelle sociale un triste rôle.

Le zenaga est un des dialectes berbères les moins étudiés.

Page 21. — De la viande : « lahme », désigne les tributaires, les zenaga en particulier, destinés à être « mangés ».

Page 29. — Sur les Nemadi voir l'article du capitaine Brosset dans le numéro de septembre 1932 du « Bulletin du Comité de l'Afrique Française ».

Page 30. — L'exode de ces trois Nemadi est historique et récent.

Page 32. — L'institution des « mneha » est une des plus curieuses de celles, qui, chez les grands nomades, permettent de pallier la brutalité du sort. Les animaux du « mneha » sont des animaux confiés de tentes à tentes, de tribus à tribus, soit gracieusement, soit comme douar des femmes. Le détenteur jouit du lait des bêtes prêtées et le propriétaire de l'estime que lui vaut une générosité indiscutable. Mais le résultat le plus concret est qu'aucune razzia ne peut dépouiller complètement personne ; l'homme généreux, par des placements bien compris, sait diviser ses risques.

Page 39. — L'Idjafoun n'a été visité qu'une fois par les méharistes français : en mars 1930, au cours d'une reconnaissance conduite par l'auteur qui le traversa en exécutant une marche de 500 kilomètres sans eau.

Page 54. — Un groupe de tentes Kedadra a effectivement vécu à el Mraier, puits salé, situé à 250 kilomètres de tout autre point d'eau douce. Aujourd'hui encore les gens d'Ali O. Baba comptent parmi les Reggueibat insoumis des cousins ou des frères qui ont préféré la vie libre aux bienfaits de l'administration française.

Page 55. — L'iguendi est une maladie de carence que nos médecins n'ont pas étudiée mais que la Faculté classe entre le béribéri et le scorbut, elle est due surtout à l'absorption continue d'eaux salées ou magnésiennes.

Page 56. — La langue hassane est la langue des Maures, arabe relativement très pur malgré la fréquence des termes berbères, un des derniers dialectes, qui, à côté des termes anciens, garde certains scrupules grammaticaux oubliés dans le moghreb, tel l'emploi du duel.

Page 65. — Les Maures croient qu'entre sa montée et sa descente le soleil marque un temps d'arrêt au zenith. La moins grande vitesse apparente de l'astre à midi justifie cette croyance.

Page 68. — La poésie originale faite dans les circonstances où on l'indique n'a pu être traduite mot à mot, en voici le texte :

ma gabla moukatab nefis
chofna aalam ma hou magiss
gheir a la hou alma ibliss
a'mktab oua amrou ioumana
fil'ilma l'kheirou akhlana
el messah khat fi janena

Page 69. — Les Regguelbat issus d'un même ancêtre éponyme sont divisés en deux confédérations, celle du Sahel descendant de l'ancêtre par Ely ben Ahmed et celle du Tell descendant par Gacem ben Ahmed Reggueibi donc Oulad Gacem d'où el Gouassem ou Llgouassem.

Page 70. — Tindouf, capitale des Tadjakant pillée par les Reggueibat il y a une quarantaine d'années, a été vue pour la première fois par nos éléments méharistes en 1925;

c'est, au Sud de la Hammada du Draa, une petite ville marocaine très différente des habituels ksours sahariens.

Page 72. — C'est à peu près en ces termes qu'un Maure d'Adrar : Amar O. Zouein, se moquait de la prétention des gens du Nord à donner le cachet de la guerre sainte à leurs rezzou. Voici ses vrais paroles :

jihad es sahel bitegrich
ma hou ouajab ou bla siya
ou la hou zad blachich
allah khtil a khlâa

Pages 85 et 88. — Les Ma el Ainin, branche de la très noble famille des Ahel Cheikh Mohammed Fadhel, illustrée dans la piété, s'est distinguée par une ambition toute séculière. Jaloux de leurs ancêtres Almoravides qui conquirent le Maroc puis l'Espagne, ils rêvèrent de marcher sur leurs traces. En 1912, l'un d'eux : el Hiba, le sultan bleu, conquit Marrakech et ne s'en fut peut-être pas tenu là s'il n'avait été arrêté dans sa carrière par la victoire que remporta sur lui le colonel Mangin à Sidi bou Otman. De ce grand souvenir son frère Merebbi Rebo, a conservé, chez les nomades Sahariens, le titre de Sultan du Djebel.

Page 94 et suivantes. — L'histoire de ce rezzou n'est pas inventée. Après avoir massacré une de nos unités méharistes, à Dayet en Nahrat le 29 septembre 1923, il fut surpris sur les bords du lac Faguibine par une colonne sous les ordres du capitaine Bouteil. Les éléments, qui en échappèrent, traversèrent le Soudan mais furent poursuivis dans le Hodh et rejoints le 26 octobre dans la région de Dekhalat et de Merediouga où le combat fut point par point ce qu'on voit ici raconté. Le Bulletin officiel en conserve le souvenir : rapport au Président de la République pour le décret du 6 juin 1924. En ce qui concerne les détails, l'auteur se porte garant de leur scrupuleuse exactitude.

Page 109. — C'est avec l'aide d'un mirage pareil, qu'une section du groupe nomade de Chinguetti put en mars 1930, revenant de Bir Zreigat, échapper à l'étreinte de l'Aouana où une erreur de direction l'avait légèrement engagée, et atteindre le puits d'Aguelt Nemadi signalé par les rochers de Staal.

Page 125. — Un tabou d'origine inconnue interdit à un homme de manger devant son beau-père.

Page 132. — Mohamed Mamoun ould Ely Cheikh, bien que moins hardi que son frère Mohammed Taqui Allah O. Ely Cheikh, tué le 5 mai 1925 au combat de Bou Gam, tint longtemps en haleine les unités méharistes de Mauritanie avant d'être tué le 12 juin 1927 au cours d'un razzi dont ce chapitre suit pas à pas l'étonnante odyssée. Il était arrière petit-fils de Cheikh Mohammed Fadhel. (Voir ci-dessus la note pour la page 85.)

Page 133. — Ces vers ont été faits à l'occasion d'un succès remarquable remporté sur un razzi du Nord, à Rasseren, par les partisans d'Atar. Le texte original vantait avec ironie le rezzou qui fut détruit :

> Ja men sahel razzi zein
> bimamhou moggadem ed dein
> iakher einte chaf michtemein
> ou jal f.Amatlich el ouahed.

Page 146. — A la vérité ce n'est pas O. Ely Cheikh, mais son frère Ouajaha qui connut le régime de la prison d'Atar, d'où il s'échappa en tuant le tirailleur chargé de le surveiller.

Page 149. — Il est nécessaire que le lecteur sache que rien n'est inventé dans ce chapitre. Le détachement qui prenait le thé, ce soir de juillet 1927 au bord de la falaise du Dhar, était commandé par un Mauritanien averti : le capitaine Jayet, qui fut le premier à admirer l'étonnante performance des pillards qu'il croyait tenir.

Pages 151 et 154. — Il est bon de prouver ici encore que la fantaisie de l'auteur ne s'égare pas. Les razzieurs échappés au capitaine Jayet se rendirent à Jreif sauf deux d'entre eux, qui, le 26 juillet 1927, tuèrent, avant de prendre le chemin du Nord, le goumier O. Aouechi.

Page 156. — En particulier les aromates que les Sarakholés appellent « poudi » et loki ».

Page 166. — Le 2 et le 5 août 1926, un razzi a enlevé des serviteurs noirs à Bouda ksar du Touat et à Reggan, aujourd'hui dernière gare, avant le Tanezrouft, pour les autos-sleeping de la Compagnie Transsaharienne. De là le razzi atteignit in Zize où il résista victorieusement le 26 à l'assaut d'un peloton de nos compagnies sahariennes. Par contre, il fut décimé au retour par l'adversaire redoutable: la soif.

Page 177. — Le 25 décembre 1920, trois pelotons de la compagnie saharienne de la Saoura opéraient à el Mzerreb leur jonction avec un détachement des pelotons méharistes de Mauritanie. Le retour du groupe du Sud ne se fit pas sans difficultés. Une patrouille lâchée le 28 décembre sur les traces de quelques razzieurs ne revint pas. Ce n'est que plusieurs années après qu'on connut son sort.

Page 191. — El Hamdoullilahi, « Dieu soit loué », pieuse formule par laquelle on marque l'acquiescement.

Page 192. — On sait que les musulmans, les bédouins surtout, sont très stricts dans le respect des interdictions religieuses ; ils exigent, en particulier, que les animaux dont ils mangent la viande aient été sacrifiés suivant le rituel prescrit.

Page 204. — L'affaire de Tekhra O. Baba est de septembre 1926.

Page 243. — Sid Ahmed O. Taggadi dont le bonheur ne se démentit jamais au cours des rezzou qu'il conduisit avant l'arrivée des Français en Adrar, fut capturé par les troupes du commandant Claudel à Aghmakou en fin juillet 1909.

Page 246. — Une vieille coutume, encore répandue chez les Maures, veut qu'on demande en frappant le plateau l'autorisation d'y reposer le verre, le « Igueiam » la donne par le mot « dkhel ».

Page 248. — Avec le commandant Claudel le 30 juillet 1908 (voir « la Pénétration en Mauritanie » p. 191).

5172 - juillet 2009
Achevé d'imprimer par
1livre.com